그리스 신화에서
사람을 읽다

성격을 알면 인간관계 실패는 없다

그리스 신화에서
사람을 읽다

• 지순호 · 홍지희 지음 •

보아스

그리스 신화는 수많은 철학자와 예술가들에게 영감을 제공한 지혜의 원천입니다. 이제 그 속에서 사람의 유형과 관계에 대한 새로운 지혜가 태어났습니다. 사람을 보는 선명한 안목을 얻을 수 있는 책이라고 생각합니다.

— 《**인문학 공부법**》 저자, 안상헌

이 책을 읽고 노자의 명언이 떠올랐습니다.

"다른 사람을 아는 자는 지혜로운 사람이다. 자신을 아는 자는 현명한 사람이다."

에니어그램은 고대의 지혜이며 현대의 통찰입니다.
이 책은 고대 그리스 신화에서 비롯된 지혜와 현대 성격유형 심리학이 결합되어
인간관계에 많은 지혜를 던져주고 있습니다.

— **황혼 에니어그램 연구소장**

나를 알고 남을 알면
성공적인 인간관계를 맺을 수 있다

내 직업의 성격상 나는 매일 많은 사람을 만난다. 같은 내용의 강의를 듣고도 사람들의 반응은 제각각이다. 수년간 강의를 해오면서 세상에는 정말 다양한 사람들이 있다는 사실을 새삼 실감하게 된다.

이렇게 다양한 사람들을 만나서 이야기를 나눌 기회가 많다 보니 또 하나 깨달은 사실이 있다. 세상에 존재하는 모든 사람이 다르지만 부분적으로 공통점이 있다는 것이다. 혼돈의 카오스와 같은 우주에도 나름의 규칙이 있듯이 일종의 무질서 속의 질서라 할 수 있다. 우리는 어떤 사람을 만나게 되면 보통 자신의 경험을 토대로 주관적인 기준으로 그들을 분류한다. '저 사람은 상냥해 보여', '저 사람은 바늘로 찔러도 피 한 방울 안 나올 것

같아', '저 사람은 상대방을 기분 좋게 만드는 능력이 있는 것
같아' 등등.

나는 강의를 시작하기 전에 교육생들의 얼굴을 살펴보며 나의
기준으로 그들을 판단한다. 그들의 얼굴을 보면 오늘은 누구를
주로 쳐다보며 강의를 해야겠구나 라는 판단이 선다. 표정이나
느낌을 살펴보면 어떤 사람이 내 이야기를 잘 받아줄지 느낌이
오기 때문이다. 이는 많은 사람을 만나면서 생긴 일종의 통계라
할 수 있다. 내가 청강생들의 성향 파악을 위해 살피는 것은 그들
의 표정과 이미지다. 보이는 이미지가 내면의 성향을 상당히 반
영하고 있기 때문이다.

이렇듯 우리는 자신의 경험을 통해 상대가 어떤 사람인지 분류
하고 그에 맞게 대응한다. 특히 사람을 상대로 하는 일을 직업으
로 갖고 있는 사람은 내 앞의 상대가 어떤 사람인지 빠르게 파악
하는 것이 성공 요소 중의 하나라 할 수 있다.

우리는 누구나 작게는 가정이라는 단위에서 시작해 직장, 사회,
국가라는 관계 속에서 살아가고 있다. 눈을 뜬 순간부터 사람과의
관계가 시작된다. 그래서 인간관계는 우리가 살아가면서 가장 중
요하면서도 가장 힘든 일 중의 하나다. 한 채용정보업체 설문조사
에 따르면, 퇴사하고 싶은 이유를 묻는 질문에 '직장 내 힘든 인간
관계'가 1순위로 꼽혔다. 일보다도 힘든 인간관계에서 오는 스트
레스가 더 참기 힘들다는 사실을 말해준다. 또한 경제전문가들은
앞으로 인간의 수명이 길어지는 '100세 시대'에 행복한 노후를 위

해서는 재정문제도 중요하지만 더욱 중요한 것은 인간관계라고 조언한다.

사회가 복잡해질수록 사람들은 어디로 가야 할지, 내가 누구인지에 대해 고민을 하게 된다. 그러다 보니 상대를 파악하는 것도 중요하지만, 내가 어떤 사람인지를 파악하는 것도 점점 중요해지고 있다. 자신이 어떤 삶을 살 것인지 고민하는 이들에겐 더욱 그렇다. 그래서 내가 누구인지, 내가 만나는 사람들이 어떤 사람인지는 사람들의 큰 관심사가 되었다.

위에서 말했듯이, 사람은 매우 다양하지만 한편으로 비슷한 패턴을 갖고 있다. 에니어그램은 사람의 심리와 성격을 파악할 수 있도록 도와주는 도구다. 에니어그램은 에니어와 그라모스라는 희랍어의 합성어로, 에니어는 '9개'라는 뜻이고, 그라모스는 '도형, 점'을 의미한다. 즉, 에니어그램이란 사람을 9가지 유형으로 나누어놓은 것이다. 여기서 9가지 유형이 나오게 된 원리는 다음과 같다.

에니어그램은 인간의 그룹을 크게 세 가지로 분류한다. 이렇게 분류하는 기준은 인간 신체 중에서 어느 곳을 중심으로 보느냐에 따른 것이다. 어느 곳을 중심으로 사용하며 사느냐에 따라 본능형, 가슴형, 머리형으로 나뉜다. 본능형은 장의 에너지를 주로 사용하는 사람들이다. 가슴에너지를 사용하는 사람들은 가슴형, 머리에너지를 사용하는 사람들은 머리형으로 구분한다. 각각의 유형은 또 세 가지로 세분된다. 머리형 3개 유형, 가슴형 3개 유형,

본능형 3개 유형으로 총 9가지 유형으로 분류된다.

　우리는 누구나 이 세 가지 에너지 중심을 모두 갖고 있다. 세 개의 에너지를 고르게 활용하며 산다면 에너지의 균형이 조화를 이루고 있다고 할 수 있다. 서양과 마찬가지로 동양에서도 3이 갖는 숫자의 의미는 비슷하다. 일반적으로 3은 완성과 조화와 균형을 의미한다.

　그러나 우리는 보통 세 가지 에너지 중 하나의 에너지를 편향되게 사용한다. 어떤 에너지를 주로 사용하느냐에 따라 우리의 행동, 표현법, 스트레스에 대처하는 방식 등이 달라진다. 똑같이 주어진 상황에서 힘의 에너지를 어느 것을 사용하느냐에 따라 모든 것이 다르게 표현된다.

　당신에게 평범하고 얌전한 고등학교 2학년 딸이 있다고 가정해 보자. 어느 날 딸이 임신을 했다며 당신에게 힘겹게 말을 건네는 상황이 발생했다. 그렇다면 당신은 가장 먼저 어떤 반응을 보일 것인가? 이러한 극도의 스트레스 상황에서 주로 사용하는 에너지가 무엇인가에 따라 반응이 다르게 나타난다.

　본능형들이 가장 먼저 보이는 반응은 이런 상황을 야기한 상대에 대한 분노를 표출하는 것이다. 본능형들은 기본적으로 영역의 개념을 갖고 있는데 그 영역을 자신이 온전히 통제하고자 하는 욕구가 있다. 내 딸은 나의 영역, 나의 통제 안에 있는 사람이다. 그런데 딸이 임신을 한 상황은 내 영역을 벗어나서 나의 통제권 밖에서 일어난 일이다. 그래서 이것에 대한 분노와 부정적 감정이 먼저 나타나고 이어서 딸에게 "너 미친 거 아냐?"라며 욕설을 퍼붓는다. 그리고 나아가 "임신 시킨 놈이 누구야? 당장 데려와!"라고 분노를 표출한다.

가슴형들은 대체로 화를 내기보다는 딸이 힘들어했을 상황을 생각하며 딸의 마음을 이해해주려는 태도를 먼저 보인다. "너 몸은 괜찮은 거야? 그동안 말도 못하고 얼마나 힘들었어?"라는 말을 건넨다. 먼저 상대의 고통의 감정을 읽어주고 위로해준 뒤에 자신의 감정을 표현한다. 딸이 야기한 상황 때문에 얼마나 당황스럽고 걱정스러운지 호소하기 시작한다. 그러면서 눈물을 뚝뚝 흘리며 감정을 표현한다. 가슴형은 문제 해결을 위한 이성적인 상태가 되기까지 시간이 좀 걸리는 편이다.

그렇다면 머리형들의 반응은 어떨까? 동료 강사 중에 머리형인 친구가 있어서 이런 상황에 대한 반응을 물어봤다. 물론 이 같은 상황에서 화가 나지 않는 부모는 없을 것이다. 그러나 머리형 부모는 지금 당장의 상황보다는 앞으로 일어날 미래의 상황을 재빠르게 생각한다. 그래서 최대한 침착하려고 노력한다. 그리고 딸과 진지하게 이야기를 나누며 사실관계를 물어보고, 아이를 낳는 것에 대해서는 진지하게 대화해보겠다고 답했다. 머리형 동료는 임신한 상황에 대해 원해서 임신을 하게 된 것인지, 원치 않는 상황이었는지를 먼저 확인하고 그 사실에 따라 대처하는 방식이 달라질 수 있다고 말했다. 또한 딸의 말만으로는 확인이 되지 않는 사실이 분명히 있을 것이므로 딸이 알지 못하게 사실관계를 몰래 추적해볼 거라고 덧붙였다.

이처럼 사람들은 주로 어떤 에너지를 사용하고 있느냐에 따라 같은 상황 또는 사건에 대해 서로 다른 반응을 보인다.

그럼, 세 유형이 어떻게 다른지 자세히 살펴보자.

본능형 또는 장형

본능형이 사용하는 에너지는 장gut이다. 한마디로 배에서 나오는 힘을 사용한다고 할 수 있다. 장에서 나오는 힘을 사용하기에 이들은 배짱이 좋은 사람들이다. 주변에 배짱이 좋은 사람들을 상상해보자. 이들은 파워풀하고, 카리스마를 갖고 있다. 장에서 나오는 강한 힘 때문이다. 이들은 본능의 힘을 느끼며 활용하는 사람들이기에 직관이 발달되어 있다.

본능형은 다른 두 유형보다 에너지가 강하다. 아울러 강한 행동력을 갖고 있다. 발달된 직관에 따라 판단하고 행동한다. 이들의 외모를 살펴보면, 체격이 튼튼하고 건강하며, 잘 발달된 근육을 갖고 있다. 얼굴의 특징은 부드러운 인상과는 거리가 있으며 조금은 투쟁적이고 호전적인 이미지를 갖고 있다. 장gut에서 우리 몸에 필요 없는 음식 찌꺼기를 밖으로 내보내 듯, 본능형은 쓸모없다고 생각하는 것들을 주저하지 않고 과감하게 배척하는 성향을 갖고 있다. 사람도 내편이 아니라고 생각하면, 과감하게 배제해버린다. 반면, 장에서 흡수된 영양분으로 우리 몸의 건강을 유지하듯 자신에게 필요하거나 내편이라고 생각되는 사람은 철저히 보호하려는 성향을 갖고 있다.

몸의 에너지를 가장 밀접하게 느끼는 이들은 관심의 초점이 미래보다는 현재에 있다. 냉혹한 현실에 적응하고, 상황에 적극적으로 개입하면서 삶이 질서 있게 돌아갈 수 있도록 하는 데에 관심을 둔다. 직관이 발달되어 있어서 심사숙고하기보다는 느껴지는 대로 행동하는 스타일이다. 주변에 본능형인 선배가 있는데 주식 투자를 상당히 열심히 한다. 보통 주식 투자를 하려면 차트를 분석하고, 경제상황이나 정보에 근거해서 해야 한다고 생각한다. 그런데 한번은 그 선배에게 투자의 성공 비결이 무엇이냐고 물었는데 이렇게 답했다. "딱 보면 알지. 보는 순간 느낌이 와. 거기에 투자하면 틀림이 없어!" 자신의 직관을 믿고 있는 본능형의 전형을 보는 듯했다.

이들은 강한 에너지를 갖고 있다 보니 남들의 섬세한 감정을 읽는 것에는 둔감한 편이다. 타인의 감정을 배려하기보다는 자신들이 옳다고 생각하는 바를 밀어붙이는 스타일이다. 그래서 머리형은 본능형을 보면 단순하고 무식하다고 생각한다.

자기주장이 강하고, 추진력과 상황을 통제하려는 욕구가 강한 사람들이 기본적으로 갖고 있는 감정이 분노다. 8번(도전가), 9번(평화주의자), 1번(개혁가) 유형이 본능형에 속한다. 그러나 이 세 가지 유형은 본능형의 기본 감정인 분노를 처리하는 방식에서 차이를 보인다. 8번은 분노를 밖으로 표출한다. 9번은 자신이 갖고 있는 분노를 마치 느끼지 못하는 것처럼 무시하면서 살아간다. 1번은 화가 나면 발생하는 분노를 자꾸 억누르려고 한다. 분노를 표출하는 대신 억압하면서 자신과 타인을 비판하는 사람들이 1번 유형이다.

이처럼 같은 본능형의 범주에 속해 있지만 3가지 유형으로 다시 분류되는 것은 분노의 처리방식이 기준이 된다.

가슴형

가슴형이 사용하는 에너지는 말 그대로 가슴이다. 우리가 사용하는 '가슴'이라는 단어에는 따뜻한 마음이라는 의미가 담겨 있다. 따라서 가슴형은 따뜻한 마음을 에너지로 활용하는 사람들이다. 인간의 몸에 마음이 없다면, 즉 가슴이 없다면 인간이라 할 수 없듯이, 가슴에너지는 우리 삶에 있어서 절대적으로 필요한 에너지다. 우리 몸의 기관 중에서 절대로 암에 걸리지 않는 곳이 심장이라고 한다. 한순간도 쉬지 않고 움직이기 때문이다. 심장이 멈추면 죽음을 의미하듯이 가슴형이 세상에서 활동을 멈춘다면 인간세상은 사람이 도저히 살 수 없는 곳이 될 것이다. 그래서 가슴형에게는 따뜻한 가슴을 함께 나눌 사람이 가장 중요한 가치가 된다.

가슴형은 자신들이 만들어낸 사랑과 관심을 자신을 둘러싸고 있는 모든 사람에게 나누어준다. 마치 세상을 따뜻하게 만들기 위해 이 세상에 온 사람들처럼 말이다.

가슴형은 최고의 관심사가 사람이기 때문에 이들의 외모는 본능형과는 다르게 부드러운 느낌을 풍긴다. 얼굴의 표정도 상대에게 호감을 주는 편이다. 사람에게 관심이 많고 남들에게 사랑을 전하려고 하는 사람의 표정이 결코 어두울 수는 없기 때문이다. 본능형이 행동하는 동기는 통제와 힘에 대한 도전인 반면, 가슴형의 행동 동기는 감정과 정서를 중시하는 인간관계다. 이들은 사람 때문에 행동하고 사람 때문에 상처받는 사람들이다. 인간관계에서 가장 많이 상처받는 여린 마음의 소유자들이라 할 수 있다.

이들은 사람들과의 관계를 중시하므로 이미지를 중요시한다. 그래서 남들에게 자신이 어떤 사람으로 보이는지에 집착하고 외모에 신경을 많이 쓰는 편이다. 주관심사가 타인이 나를 어떤 사람으로 평가하느냐이기 때문에 본인이 원하는 평가를 받지 못할 경우 수치심에 사로잡힌다.

가슴형이 가장 많이 활용하는 것이 바로 감정이다. 감정을 처리하는 방식에 따라 세 가지 유형으로 다시 나뉜다. 감정을 타인에게 모두 나누어주려는 사람은 2번이다. 자기가 나누어준 사랑으로 상대가 행복을 느끼고 자신의 도움으로 상대가 잘 해나가는 모습을 보면서 삶의 기쁨을 찾는 사람들이다. 반대로 모든 감정이 자신에게 집중되어 있는 이들은 4번이다. 이들은 늘 자신의 감정을 들여다본다. 항상 자신과 타인을 비교하면서 자신은 특별한 존재라는 생각에 사로 잡혀 있는 사람이 4번이다. 3번은 가슴형임에도 마치 감정이 없는 사람처럼 무시하고 산다. 자신의 감정과 욕구는 무시한 채 타인이 나를 어떻게 평가하느냐에 몰입해서 산다.

이 점은 본능형의 9번과 비슷하다. 그래서 3번은 가슴형의 중심임에도 불구하고 가장 가슴형으로 보이지 않는 사람들이다.

머리형 또는 사고형

사고형은 주로 머리를 쓰며 사는 사람들이다. 머리는 우리 몸에서 가장 윗부분에 위치해 있고, 우리 신체 중 가장 활동량이 적은 곳이다. 활동이 적다는 것은 그만큼 에너지가 약하다는 의미다. 따라서 머리형은 자신들이 본능형, 가슴형에 비해 에너지가 강하지 못하다는 사실을 본능적으로 알고 있다. 그래서 최대한 에너지를 아끼려는 성향을 보인다. 어떤 행동이나 판단을 해야 할 때, 실행에 옮기기 전에 많은 생각을 한다. 무조건 행동한 후 일이 실패하면 그 일을 수습하기 위해서는 많은 수고를 들여야 하기 때문이다. 그래서 이들은 본능형과 달리 남들이 답답하다고 느낄 정도로 심사숙고를 하는 경향이 있다.

또한 이들은 사람을 좋아하는 가슴형과는 반대로 사람들과 교류하는 것을 선호하지 않는다. 이 또한 부족한 에너지를 남에게 뺏기지 않으려는 의도에서 비롯된 행동이라고 보면 된다.

머리형은 최대한 에너지를 절약하면서, 자신의 주 에너지인 머리를 활용해 세상에 대한 지식에 매달리고 연구하는 사람들이다. 이들의 이런 삶의 패턴은 재미가 없고, 힘들어 보이기도 한다. 자신의 연구실 또는 자신만의 공간에서 무언가에 골똘히 몰입하는 모습이 머리형의 이미지다. 이들은 인간관계를 나눌 시간에 공부하고 연구에 몰두해서 세상에 존재하는 다양한 현상에 대한 각종 법칙이나 이론 등을 도출해내고, 정립된 이론들을 세상에 전파한다. 가슴형이 세상을 사랑으로 물들이듯이 머리형은 자신의 이론으로 세상을 정리해나간다.

이들의 외모를 살펴보면 본능형과는 대조적으로 가냘프고 근육질은 찾아보기 어렵다. 세상 그리고 사람들과 직접적으로 부딪히기보다는 주로 관찰하고 연구하는 이들에게서는 생동감이 있거나 다양한 얼굴표정을 보기가 어렵다. 표정 변화가 거의 없다 보니 웃어도 다소 어색한 표정이 나온다.

머리형이 갖고 있는 기본 감정은 두려움과 불안이다. 이들이 불안함을 느끼는 이유는 불확실성에서 비롯된다. 인생에서 가장 불확실한 것은 바로 가보지 못한 미래다. 따라서 머리형은 현재나 과거보다는 미래를 바라보는 사람들이다. 다가올 미래에 대한 불안과 두려움을 극복하기 위해 외부의 지식에 매달리는 사람들이 5번(탐구자)이고, 7번(낙천가)은 불안감을 잊기 위해 세상에서 맛볼 수 있는 즐거움과 쾌락을 찾는 사람들이다. 6번(충성가)은 머리형의 가장 중심에 있지만 불안감을 극복하기 위해 자신의 머리에너지를 쓰지 않고 안정감을 줄 수 있을 만한 사람에게 매달리거나, 안정감을 느낄 수 있는 조직이나 공동체를 찾아다닌다. 6번은 본능형의 9번과 가슴형의 3번처럼 가장 머리형처럼 보이지 않는다.

세 중심에서 파생된 에니어그램의 9가지 유형은 인간의 원형을 그리고 있는 그리스 신화 속에도 등장하고 있다.

유형	대표하는 신	신의 특성	유형의 특성
1번	헤라	결혼을 통한 완성된 삶을 지향하며 자신의 결혼생활에 위협이 되는 상대에게 분노를 느끼며, 그들을 단죄함으로써 자신의 완벽성을 고수하려고 함.	자신의 신념에 따른 완벽함을 추구하는 사람
2번	데메테르	넉넉한 인심으로 상대를 보살피며 도움 주기를 좋아함. 그러나 상대에 대한 독점욕이 강해 과도하게 통제함.	아낌없이 베풀며 사랑받고 싶은 사람
3번	파에톤	태양마차를 모는 데 성공해 아버지와 사람들에게 인정받고 싶은 욕구와 영웅심이 강함.	사회적 성공으로 인정받고 싶어 하는 사람
4번	아프로디테	독특한 자기만의 스타일로 세상에서 가장 아름다운 여신이 되었음. 창조적, 열정적, 직관적이고 감정에 충실함.	자신만의 독특한 아름다움을 추구하는 사람
5번	아테나	여신임에도 아름다운 옷이 아닌 실용적인 갑옷을 입고 아버지 제우스의 머리에서 태어나 지적인 호기심이 많으며, 합리적인 사고를 추구함. 감정의 기복이 없고 냉철함.	지식과 정보로 세상의 문제를 해결하는 사람
6번	프시케	남편 에로스에 대한 의심으로 모든 것을 잃을 뻔했지만, 남편에 대한 사랑으로 도전과제를 충실하게 이행하며 수동적이고 의존적인 자신을 극복함.	충실함으로 미래를 대비하는 사람
7번	에로스	사랑의 화살을 쏘며 행복을 느끼는 신으로, 어린아이처럼 재미있는 일에 호기심이 많고 다재다능함. 진지함과 구속받는 것을 매우 싫어함.	구속을 거부하는 자유로운 영혼의 소유자

유형	대표하는 신	신의 특성	유형의 특성
8번	아킬레우스	죽을 수밖에 없는 인간의 운명에 도전해 끝까지 목표를 추진해나가는 카리스마형 영웅. 추진력과 승부욕이 강하고, 자기편이 아닌 사람에게는 가혹하지만 약자는 철저히 보호함.	불굴의 의지와 카리스마를 갖춘 리더
9번	헤스티아	화로를 지키며 주위에 평화롭고 따뜻한 분위기를 만들며 신들과의 경쟁에 참여하지 않고 한 발 물러나 있음. 격렬한 감정에 휘말리는 것을 피함.	따뜻하게 수용하는 평화주의자

　　그리스 신화에 나오는 신들은 우리 인간의 모습을 반영하고 있다. 그들을 거울삼아 자신의 모습을 돌아보며 나 자신을 알아가고 다른 사람들의 모습과 그러한 행동을 하는 내적 동기를 알게 됨으로써 타인을 이해할 수 있게 될 것이다. 원만한 인간관계는 이해와 포용에서 비롯된다. 그것은 나를 알고 남을 알아야 가능한 일이다. 이 책이 상대를 이해하고 나 자신을 알아가는 통로가 되어 성공적인 인간관계를 완성하는 길잡이가 되어 주기를 희망한다.

그리스 신화에서 사람을 읽다

9개의 성격 유형과
건강하지 못할 때 향하는 방향

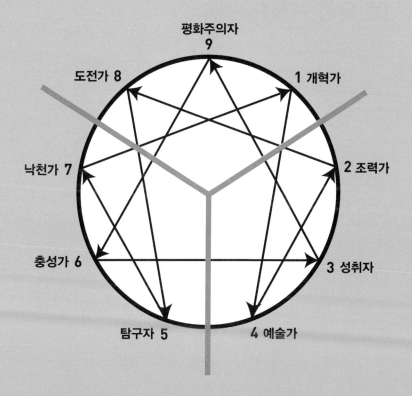

평화주의자
9

도전가 8   1 개혁가

낙천가 7   2 조력가

충성가 6   3 성취자

탐구자 5   4 예술가

- 화살표 방향: 건강하지 못할 때
- 화살표 반대 방향: 건강할 때

제1장

1번 유형 개혁가 - 헤라
완벽하지 않으면 참을 수가 없어요

1번 유형인 헤라는
왜 질투의 화신이 되었을까?

━━━━━━━━ 술의 신으로 널리 알려져 있는 디오니소스의
어머니는 세멜레다. 세멜레의 아름다움에 마음을 빼앗긴 제우스
의 구애에 세멜레는 제우스와 사랑에 빠지게 되었다.

　하지만 제우스와의 사랑은 세멜레에게는 허락될 수 없는 사
랑이었다. 여신 중의 최고신인 헤라가 제우스의 아내였기 때문
이다. 헤라는 제우스에 관한 일이라면 훤히 꿰뚫고 있었다. 제
우스가 세멜레를 자주 찾아가는 사실을 알고 헤라가 그냥 넘어
갈 리가 없었다.

어느 날 세멜레의 유모는 세멜레에게 의혹의 말을 건넨다.

"아가씨가 만나는 분이 제우스 신이라고 하시는데, 보다 확실하게 그가 제우스인지 확인해 볼 필요가 있지 않겠어요? 아가씨도 확인하고 싶지 않으세요? 그가 만약 제우스라면 확인할 수 있는 방법이 있답니다. 제우스는 지상으로 내려올 때는 인간들의 옷을 입고 있지만, 하늘에서는 신들의 옷을 입습니다. 하늘에서 입고 있는 옷은 휘황찬란하고, 광채가 대단한 옷이에요. 제우스에게 신들의 옷을 입고 내려와보라고 하세요. 정말 제우스라면 신들의 옷을 입고 오지 않을까요? 만약 신들의 옷을 입고 오지 못한다면, 아가씨가 만나는 분은 사기꾼임에 틀림없어요."

그런데 이 유모는 사실 가짜였다. 유모는 다름 아닌 제우스의 아내 헤라였다.

세멜레는 유모의 말을 듣고 잠을 이루지 못했다. 내면에서 점점 커져가는 의심을 잠재우고, 애인을 의심하는 자신의 괴로움도 풀기 위해 세멜레는 그날 밤 자신을 찾아온 제우스에게 유모가 말해준 대로 신들의 옷을 입고 오라고 부탁했다. 사랑하는 여인이 온갖 애교를 부리며 부탁하자 제우스는 거절할 수가 없었다. 마침내 제우스는 하늘로 올라가 가장 빛이 덜 나는 옷을 입고 세멜레 앞에 나타났다.

하지만 인간 세멜레는 하늘의 빛을 감당할 수 없었다. 그녀는 빛을 쬐자마자 순식간에 재로 변하고 말았다. 이때 제우스가 잿더미 속에서 황급히 핏덩이 하나를 꺼냈다. 세멜레는 이미 제우스의 아이를 잉태하고 있던 상태였다. 제우스는 자신의 허벅지를 갈라서 채 열 달이 되지 않은 그 핏덩이를 집어넣은 뒤 달을 채워 다시 꺼냈다. 그래서 디오니소스는 '두 번 태어난 자' 라는 의미다. 이렇게 태어난 디오니소스 역시 헤라의 끊임없는 저주에 시달리게 된다.

그리스 신화에서 헤라 여신이 등장하는 모든 에피소드의 내용을 살펴보면, 헤라는 세멜레와 디오니소스에게 지속적으로 했던 복수와 유사한 행동패턴을 보인다. 그렇다면 헤라는 왜 이런 행동을 반복하는 것일까?

사건의 본질을 잘 살펴보면 헤라를 괴롭히고 있는 것은 제우스다. 헤라가 이성적으로 문제를 바라보았다면, 복수의 대상은 다른 사람이 아니라 제우스여야 한다. 처음 한두 번은 제우스가 좋아한 여인을 상대로 복수를 할 수도 있을 것이다. 그러나 제우스의 바람기는 끊임없이 사건을 일으킨다. 그렇다면 결국 문제의 근원인 제우스를 단죄하고, 통제해야 한다. 또 다른 해법은 끊임없이 고통을 만들어내는 제우스와의 결혼 상태를 끝내는 것이다.

내 신념과 기준에 따라
세상을 산다

흔히 우리는 헤라를 '질투의 여신' 이라고 알고 있다. 그러나 헤라를 질투에 눈먼 여신 정도로 여기는 것은 단

편적인 해석이다.

헤라의 행동을 살펴보면 에니어그램 1번 유형의 가장 눈에 띄는 특징이 보인다. 1번 유형은 이성과 논리로 해결책을 찾아내는 것이 아니라, 자신이 해야만 한다고 느끼는 자기만의 기준을 세워 놓고 그에 따라 문제를 해결하려 한다. 이들은 자신이 세운 기준과 신념을 충족시키기 위한 행동을 먼저 하고, 그 행동을 정당화하려는 노력을 한다는 특징이 있다.

우리가 흔히 "쟤가 한번 똥고집 부리면 아무도 못 말려!"라고 평하는 사람들이 1번 유형에 해당한다. 이들은 본인이 옳다고 믿는 것에 대해서는 어떤 일이 있어도 절대로 양보하지 않고 끝까지 밀어붙인다.

그럼, 신화 속의 헤라 여신은 왜 제우스가 아닌 상대 여성과 혼외자식에게 복수를 하는 것일까? 헤라가 세운 그녀만의 기준은 결혼의 신성함을 절대로 깨트리지 말아야 한다는 것이었다.

자신의 유일한 신념인 '결혼의 약속을 지키는 것'에 절대 없어서는 안 되는 존재가 바로 제우스다. 헤라는 제우스라는 우물을 절대로 버릴 수 없다. 끊임없이 결혼을 위기에 빠트리는 제우스를 응징하거나 제거하는 것이 이성적인 해결책임에도 헤라는 절대 그러한 선택을 하지 않는다. 이런 헤라에게 제우스를 유혹하거나 제우스가 혼외로 낳은 자식들은 모두 적일 뿐이다. 1번이 아닌, 특히 머리 중심의 에너지를 쓰는 유형의 사람들이 보면 이해하기 힘든 부분이다.

1번 유형은 아무리 힘들어도 해야만 하는 일이라고 믿으면, 그로 인해 어떤 일이 닥치더라도 그것을 견뎌내고 자신의 신념과 기준을 지키는 사람들이다. 신화에서는 드러나지 않지만 헤라가 결혼이라는 신성한 약속을 지키기 위해 감내해야 했던 마음속의 고통을 생각해보자.

결혼한 여성이 배우자의 외도를 알게 되면 그 심정이 어떠할까? 배신감과 고통은 이루 말할 수 없을 것이다. 외도한 배우자와 헤어지지 않고 여러 가지 현실적인 이유로 결혼을 이어나가는 여성들은 크나큰 마음의 상처를 안고 살아간다. 그런 고통을 헤라는 끊임없이 받으면서도 결코 제우스와의 결별을 선택하지 않는다. 헤라가 현실적인 이유만으로 결혼을 유지하지는 않을 것이다. 그녀는 최고의 여신이기에 얼마든지 다른 선택을 할 수 있다.

이런 헤라의 행동패턴을 통해 그녀가 자신의 신념을 위해 모든 것을 희생하는 1번 유형임을 알 수 있다.

헤라와 같은 1번 유형은 강한 신념, 자신만의 원칙을 갖고 있다. 예를 들어 밀가루가 몸에 좋지 않다는 기준을 갖고 있는 1번 유형이라면, 바로 한 시간 전까지 국수를 먹었더라도 그 기준을 세운 시점부터는 절대 국수를 먹지 않는다. 언젠가 텔레비전에서 〈설탕 없이 일주일 살아보기〉라는 예능프로를 본 적이 있다. 대부분의 출연자들이 괴로워하면서 순간의 유혹을 넘기지 못하고 제작진 몰래 단 것을 찾아 먹는 모습을 보이는 것이 웃음의 포인트였다. 만약 이런 프로에 1번 유형이 출연한다면, 시청자들은 웃

이다 산 위의 제우스와 헤라

제임스 베리 | 1790~1799년 | 셰필드 미술관 소장

을 일이 별로 없을 것이다. 1번 유형은 본인이 기준을 세우면 그것을 끝까지 지키는 사람들이기 때문이다.

상대의 감정보다는
완벽한 결과에 집착한다

———————— 헤라와 같은 1번 유형이 중요하게 생각하는 가치가 있다. 그것은 바로 '완벽함perfection'이다. 1번 유형은 자신이 관심을 갖고 있는 분야에서는 완벽하려고 노력한다. 예를 들어 청결함에 남다른 관심을 갖고 있는 사람이라면, 자신의 주변을 깨끗하게 만드는 것만으로는 만족하지 못한다. 먼지 한 톨, 머리카락 한 올도 허락하지 않는다. 그야말로 완벽한 청결을 원한다. 앞에서 말했듯이 장중심의 유형에 속하는 1번은 '분노'가 기본 감정이다. 그래서 자신이 원하는 기준에 미치지 못하는 상황을 맞닥뜨리면 분노한다.

남편이 1번 유형인데 청결함을 중요하게 생각하는 사람이라면 그 아내는 삶이 몹시 힘들어진다. 한 톨의 먼지만 눈에 띄어도 큰 분노를 표출하기 때문이다. 영화 〈적과의 동침〉을 보면 그런 모습을 볼 수 있다.

주인공 로라는 매일 온몸에 멍이 들어 있다. 그녀의 남편이 폭력을 행사한 결과다. 그녀가 맞는 이유는 다름 아닌 욕실에 걸려 있는 타월의 길이가 똑같이 맞춰져 있지 않기 때문이다. 또한 싱

크대 안에 진열해 놓은 통조림 캔들이 일렬로 맞춰져 있지 않으면 그녀의 남편은 역시 분노를 분출하며 폭력을 가한다. 그는 완벽한 정리정돈에 집착해 정작 인생에서 정말 중요한 것들을 놓치는 우를 범한다. 이런 모습은 건강하지 못한 1번의 모습이다.

만약 1번 엄마가 아이에게 청소를 시키면 결코 만족하지 못한다. 사실 아이가 청소를 한다면 어떻게 어른처럼 말끔하게 청소를 하겠는가? 그러나 1번 엄마는 아이의 청소 결과에 만족하지 못해 화를 내고, 아이는 청소를 하고도 엄마에게 좋은 소리를 듣지 못한다. 1번 엄마에게는 아이의 감정보다는 깨끗하지 못한 상태만 눈에 들어온다. 이런 경험이 반복되면, 아이는 엄마를 도와주려 하지 않게 된다.

1번 유형이 화를 내면 같은 장형인 8번 못지않게 무섭게 화를 낸다. 장형의 기본 감정이 화이기 때문이다. 분노에 휩싸인 1번과 같이 산다는 것은 다른 가족들 입장에선 적과의 동침이라고 표현할 만하다.

타고난 선생님 기질을 보인다

1번의 완벽에 대한 집착은 건강한 모습을 보일 때 빛을 발하게 된다. 에니어그램에서는 1번 유형을 '개혁가'라고 정의한다. 개혁을 하려면 잘못된 것을 발견하고 그것을 개선

해나가는 과정이 필요하다. 잘못된 점을 발견할 능력이 없다면 개선은 불가능하다. 1번 유형은 어떤 상황에서 잘된 것보다는 잘못된 것을 먼저 발견하는 능력이 뛰어나다. 사람을 만나도 상대의 장점보다는 단점을 빨리 파악한다. 1번 유형이 칭찬에 인색한 것은 그러한 이유 때문이다.

건강한 1번이라면 자신의 이런 능력을 활용해 세상을 보다 발전적으로 만드는 선구자 역할을 할 수 있다. 또한 사람의 단점을 고쳐주고 이끌어주는 훌륭한 선생님 역할을 할 수 있다. 그래서 1번은 타고난 선생님이라고 표현하기도 한다.

우리는 보통 개혁적인 성향의 사람들을 진보주의자라고 표현한다. 반면 변화를 모색하기보다 현 상태에서 안정을 추구하는 사람들을 보수주의자라고 표현한다. 그렇다면 1번 유형은 진보주의자일까 아니면 보수주의자일까?

언뜻 보기에 1번 유형은 개혁가적인 성향이 강해서 진보주의자라고 생각할 수 있다. 그러나 1번 유형은 잘못된 부분을 고치려는 동기와 함께 자신의 기준에서 완벽하다고 생각하는 점을 절대 고치려 하지 않는 신념이 확고하다. 이들은 완벽하다고 생각하는 것은 그대로 유지하려 하고, 완벽하지 못한 것은 과감히 고쳐나가려고 한다. 중요한 사실은 이를 판단하는 기준이 바로 자신들의 기준이라는 점이다. 타인들이 제시하는 기준은 이들에게 중요하지 않다. 그래서 나머지 8가지의 유형이 1번을 보면 이들은 자기밖에 모르는 사람들로 비춰진다. 게다가 나머지 유형들이 보기에 1번 유형은 일관성도 없고, 완벽해 보이지도 않는다.

　학창 시절을 돌이켜보면 선생님들 중에서 학생들에게 칭찬하는 분들은 별로 없었던 듯싶다. 선생님들은 제자들을 좋은 방향으로 인도해야 하기에 학생들의 잘못을 지적하고 혼내는 모습을 더 많이 보일 수밖에 없다. 직업군으로 살펴보아도 1번 유형이 가장 많이 포진되어 있는 곳이 학교인 것은 우연이 아니다. 이들은 타고난 선생님이라 할 수 있다.

완벽을 추구해서
화가 많고 잔소리를 잘한다

──────────── 완벽을 추구하는 1번 유형에겐 완벽하지 않은 것과 완벽한 것을 구분하는 일이 매우 중요하다. 1번 유형은 세상사를 도덕적으로도 완벽한 것과 그렇지 않은 것으로 나눈다. 선한 것과 착한 것, 옳은 것과 옳지 않은 것으로 분류한다. 모든 사람과 모든 상황을 이렇게 이분법적으로 나누다 보니 1번 유형은 흑백논리가 강하고 어중간한 것이 없다. 세밀한 감정을 갖고 있는 4번 유형이 1번 유형을 대하다 보면 '강하다, 거칠다, 세련되지 못하다' 라는 느낌을 받는다. 심지어는 무식하다고 표현하기도 한다.

　세상을 완벽하게 고치고자 하는 1번 유형은 세상에서 벌어지고 있는 일들 중 많은 일이 마음에 들지 않는다. 좋은 것보다는 고쳐야 할 것이 눈에 더 잘 보이기 때문이다. 이런 내면의 모습이 얼굴로 드러나기에 1번 유형은 즐거운 표정이 별로 없다. 그래서 이들은 첫인상이 부드럽지 못하고 상대를 긴장하게 한다. 사용하는 언어도 신념에 차 있는 용어를 많이 쓰고, 비언어적인 메시지도 딱딱해서 접근하기 어려운 사람처럼 보인다. 대화를 하는 상대방의 입장에서는 설득하기 어려운 사람처럼 느껴진다. 한마디로 바늘로 찔러도 피 한 방울 안 나올 듯한 꼬장꼬장한 분위기의 사람이 많다.

1번 유형에게는 세상에 고쳐주어야 할 일들이 산적해 있어서 언제나 신경 쓸 점이 많다. 그리고 그것들을 고쳐주려고 하기 때문에 잔소리가 심하다. 가까운 사람에겐 잔소리가 더욱 심해진다. 더 많이 신경을 쓰고 있다는 증거다. 사실 1번 유형의 잔소리는 애정의 표현일 수 있다.

친구의 아버지가 1번 유형이신데, 가족들 사이에서 별명이 '홍따지기'다. 친구 아버지는 자신의 맘에 들지 않는 일이 생기면 절대로 그냥 넘어가는 법이 없다. 그 일이 왜 그렇게 됐는지 원인을 꼼꼼하게 따지며 꼬치꼬치 캐묻는다. 가족 누구도 신경 쓰지 않는 일도 끝까지 따지고 든다. 그리고 그것을 가족들에게 훈계하며 잔소리를 한다.

만약 가족 중에 1번 유형이 있다면 자신이 그렇기에 아버지를 이해할 것이다. 그러나 내 친구의 나머지 가족들은 모두 다른 유형에 속해서 늘 잔소리를 들으며 아버지의 지적을 잔소리로 여기고 신경을 쓰지 않는다. 그러면 친구 아버지는 갑자기 크게 화를 내고, 가족들은 그런 아버지를 이해하지 못한다.

한번은 친구의 가족들이 왜 갑자기 화를 버럭 내냐고, 그럴 때마다 자신들은 너무 당황스럽다고 조심스레 말을 건넸다. 그러자 친구 아버지는 이렇게 말씀하셨다고 한다.

"난 한 번도 갑자기 화를 낸 적이 없다. 나는 세 번까지 참는다. 세 번 이상 말했는데 고쳐지지 않으면 그때 내가 화를 내는 것이다. 나는 절대 무절제하게 화를 내는 사람이 아니다. 나는 언제나 세 번의 기회를 너희에게 주었다."

그러나 문제는 친구의 가족들 누구도 아버지가 세 번을 참는다는 사실을 전혀 느끼지 못했다는 점이다.

사실 이런 모습은 많은 가정에서 어렵지 않게 볼 수 있다.

1번 유형은 장중심의 에너지를 사용하기 때문에 화가 많다. 그러나 완벽해야 하는 본인이 화를 낸다는 것은 완벽하지 못하다고 생각해서 화를 참는다. 그러나 화는 쉽게 참아지는 감정이 아니다. 그래서 1번 유형은 그 화가 표정, 특히 이마에 선명하게 드러난다. 이들이 화가 나면 이마에 핏줄이 확 선다. 그러나 1번 유형은 자신은 화가 나지 않았다고 말한다.

문제는 이런 일이 너무 자주 일어난다는 점이다. 강력하게 분출되는 분노의 에너지를 억제하려다 보니 1번 유형은 살이 잘 찌지 않고 마른 사람이 많다. 하지만 결코 연약해 보이지 않고 범접할 수 없는 존재감을 갖고 있다.

남에게 들이대는 잣대를
자신에게도 적용한다

──────── 1번 유형에게서 우리가 주목해야 할 점이 있다. 이들은 못마땅한 것이 많다 보니 잔소리가 많은데, 그 특유의 비판과 잔소리를 타인에게만 하는 것이 아니다. 고집 세고 꼬장꼬장한 태도를 타인에게만 보이는 것이 아니라 자신에게도 완벽함의 잣대를 엄격하게 적용한다. 1번 유형은 내면에 두 개의 자아를 갖고 있다. 이들은 자아를 비판하는 또 하나의 자아를 마음속에 지니고 있다. 심리학의 관점에서 보면 1번 유형은 에고ego, 즉 자아를 통제하고 비판하는 슈퍼에고superego, 초자아의 존재감이 남다르다.

이 사실을 알고 나면 우리는 1번 유형이 얼마나 힘든 삶을 살고 있는지 이해하게 되고, 더 나아가 측은지심을 갖게 된다.

인간은 본능적으로 남보다 자신에게 적용하는 기준이나 잣대가 너그러운 편이다. "남이 하면 불륜이고, 내가 하면 로맨스"라는 말이 있지 않은가? 일반적으로 우리는 이 세상에서 자기 자신을 가장 중요하게 생각한다. 그래서 다른 사람에겐 엄격한 기준을 들이대면서도 막상 자신에게 그러한 상황이 생기면 '그럴 수 있다'라고 생각한다.

그러나 1번 유형은 그렇게 생각하지 않는다. 이들은 자신과 다른 사람에게 적용하는 기준이 다르지 않다. 자신이 지키지 못하는 것을 타인에게 강요하지 않는다. 만약 그런 행동을 하면 죄의식에 사로잡힌다. 마음속의 초자아가 엄청난 비난의 채찍을 휘두르기 때문이다. 만약 1번 유형이 누군가에게 강요하고 잔소리를 하고 있다면, 자신이 그것을 완벽하게 준수하고 있기에 타인에게 요구하고 강요하는 것이라고 생각하면 된다.

1번 유형에게는 완벽함에 대한 집착이 있다고 했다. 이들은 그 완벽함을 자신에게도 요구한다. 우리가 흔히 말하는 언행일치를 가장 잘 수행하는 유형이 바로 1번이라 할 수 있다. 다른 사람에게 잔소리를 하고, 엄격한 잣대를 적용하는 것 이상으로 이들은 자신들에게도 내면의 잔소리를 한다. 하루를 마감하면서 그날 자신의 한 행동을 떠올리며 어떤 행동은 옳았고, 어떤 행동은 옳지 않았는지 뒤돌아본다. 만약 옳지 못한 일을 했다면 자신에게 혹독한 비난을 가하면서 다시는 그런 일을 하지 말아야 한다고 다짐한다. 자신은 완벽한 사람이 되어야 하기 때문이다.

1번 유형은 이러한 내면의 과정을 거치는 사람들이므로 늘 옳은 것과 옳지 않은 것을 구분하고 판단한다. 아마도 종교생활에 가장 적합한 사람들이 1번 유형일 것이다.

1번 유형은 자신의 기준에 비추어 옳지 않은 일이 생기면 매우 힘들어한다. 이들은 평소에 이런 표현을 많이 쓴다. "~는 옳지 않아!"

내가 이전 직장에서 같이 일했던 상사가 전형적인 1번 유형이었다. 그는 독실한 신자였다. 한번은 부서의 전체 회식이 있던 날이었다. 1차로 저녁식사를 하고, 2차로 모두 노래방에 갔다. 열심히 노래를 부르고 있는데 갑자기 우리 방의 텔레비전 화면이 꺼져 버렸다. 모두 놀라서 무슨 일인지 알아보니 부장님이 노래방 화면 이 너무 외설스럽다고 느끼고 조용히 나가서 주인에게 잔소리를 한 것이다. 부장님이 노래방 주인에게 건전한 화면으로 바꿔달라고 요구했고, 노래방 주인이 불가능하다고 거절하자 화면을 꺼달 라고 강요한 것이다.

우리 모두 황당하기 그지없었지만, 부장님에게는 외설스런 화 면이 결코 옳은 일이 아니었던 것이다.

무소의 뿔처럼
혼자서 간다

다시 최고의 여신인 헤라로 돌아가보자. 헤라 에게는 결혼을 지키는 일이 절대적 가치다. 그래서 그녀에게는 제 우스를 유혹하는 모든 여자는 자신과 세상의 완벽한 결혼을 위해 없어져야 하는 대상이다. 만약 없앨 수 없다면 응징해야 하는 옳지 않은 존재일 뿐이다.

본능 중심의 에너지를 사용하는 1번 유형은 자신의 생각을 망설임 없이 실천하는 행동력을 갖고 있다. 그래서 헤라는 매번 반복되는 이러한 복수와 살해에도 결코 지치지 않는다. 이런 과정에서 발생하는 끊임없는 심적 고통도 헤라는 모두 인내한다. 비록 여신이지만, 고통에 직면하는 용기와 목표를 향해 달려가는 인내력은 타의 추종을 불허한다.

　이런 모습은 우리 주변의 1번 유형에게서 공통적으로 볼 수 있는 특성이다. 나머지 다른 유형들은 1번 유형의 고통을 참아내는 인내력에 놀라움을 금하지 못한다. 헤라가 무소의 뿔처럼 혼자서 가듯이 1번 유형은 스스로 인내하며 자신이 옳다고 생각하는 길을 꿋꿋이 간다.

반성하고 개선하는 건강한 1번 유형의 모습을 보여준 헤라클레스

─────────── 그리스 신화에서 신들과 견주어 절대 뒤지지 않는 인물을 살펴보자. 영웅으로 추앙받지만 내면에 초자아를 갖고 있는 1번 유형이 있다. 바로 헤라클레스다. 제우스가 유부녀인 알크메네를 속이고 잠자리를 같이해서 태어났다는 이유로 헤라의 저주를 받은 인물이다.

　이윤기 작가님의 《그리스 로마 신화》를 보면 헤라클레스가 12가지 과업을 수행하고 얻은 보상으로 이룩한 영웅성의 가치를 네 가지로 표현했다. 그것은 바로 힘, 인내, 가치, 정의라는 덕목이다. 헤라클레스를 상징하는 이러한 덕목들은 바로 1번 유형이 추구하는 덕목이다. 1번은 장중심의 사람이므로 힘이라는 큰 엔진을 갖고 있다. 앞에서 언급했듯이 1번 유형이 보이는 인내심은 다른 유형들은 따라갈 수 없을 만큼 대단하다. 가치와 정의는 1번 유형이 절대적으로 지향하는 덕목이다. 이들은 이 세상을 완벽하게 선한 곳으로 만들고자 한다. 가치 있는 것을 추구하며, 불의를 없애려고 노력하는 모습이 1번 유형의 대표적인 성향이다. 건강하게 성숙해가는 1번 유형의 모습을 신화 속에서 상징적으로 보여주는 인물이 바로 헤라클레스다.

헤라클레스는 테베 왕의 딸 메가라와 결혼해 두 명의 아들을 낳고 행복하게 살고 있었다. 그러나 제우스의 혼외 자식인 헤라클레스를 헤라가 그냥 놔둘 리 없었다. 결국 헤라의 저주로 헤라클레스는 광기에 휩싸이게 된다. 1번 유형이 화를 내면 거의 광적인 수준을 보인다. 헤라는 헤라클레스를 그런 상태로 몰아넣은 것이다. 광기에 휩싸인 그의 눈에 아내는 사자로, 아들들은 하이에나로 보였다. 아내와 아이들을 맹수로 헛본 헤라클레스는 그들을 모두 목 졸라 죽이고 만다.

제정신이 돌아온 헤라클레스는 자신이 의도적으로 살해한 것은 아니지만, 자신이 저지른 일에 경악하고 죄의식에 시달린다. 1번 유형은 헤라클레스의 에피소드를 통해 분노에 휩싸이면 결국 자신이 고통을 받게 된다는 사실을 기억할 필요가 있다. 순간적인 분노를 참지 못하면 헤라클레스처럼 일순간에 모든 것을 잃게 되는 돌이킬 수 없는 실수를 범할 수 있다.

일반적으로 신화 속 인물들, 특히 영웅으로 묘사되는 인간들이나 신들은 이러한 상황에서 헤라클레스처럼 행동하지 않는다. 대의大義를 위해 소의小義를 희생해도 된다고 생각하고 자신의 허물을 대수롭지 않게 여기는 모습을 보인다. 하지만 헤라클레스는 그들과 달리 엄청난 죄의식에 시달린다. 자신의 도덕성에 엄청난 흠결이 생긴 것으로 생각하고, 세상이 무너져 내린 듯한 고통이 그의 내면 깊숙이 자리 잡는다. 그에게는 자신이 저지른 범죄에 대해 정당하고 합당한 대가를 치르는 길만이 옳은 것이다.

헤라클레스는 자신의 죄를 씻을 수 있는 방법을 찾아내기 위해 아폴론 신전으로 향했다. 신전에서 자신의 죄를 고백하고 죄의 대가를 치를 수 있는 방법을 물었다. 그의 물음에 아폴론의 여사제 피티아는 "티린스로 가서 에우리스테우스 왕이 너에게 시키는 12가지 과업을 완수하라! 이 일을 성공적으로 완수하게 된다면 너는 신의 반열에 오를 것이다"라고 전해주었다.

명색이 제우스의 아들인 그에게 인간에게 봉사하는 일은 굴욕적이고 가혹한 일일 것이다. 그 일은 자신이 갖고 있는 사회적 지위를 내려놓는 것이 선행되어야 가능하다. 더욱이 헤라의 도움으로 자신의 왕위를 가로챘던 바보왕 에우리스테우스에게 복종하는 것은 1번 유형인 헤라클레스에게는 평상시라면 결코 있을 수 없는 일이었다.

지금 우리 사회에서 벌어지고 있는 일들을 보아도 헤라클레스의 남다름을 엿볼 수 있다. 고위관료들이 엄청난 부정부패를 저지르고, 국민이 선출해준 대통령의 지위를 평범한 일반인이 농단한 사건을 보면서 사회적으로 인정받는 높은 지위에 있는 사람들이 그것을 버리고 자신의 죄를 인정하는 것이 결코 쉬운 일이 아님을 충분히 알 수 있다.

남다른 면이 있다고 하지만 헤라클레스도 자신의 죄를 은폐하고 싶은 욕망이 없지는 않았을 것이다. 또한 자신은 악의를 가지고 그러한 일을 저지르지 않았다고 충분히 변명으로 일관할 수도 있었다. 그러나 그는 당당히 자신의 죄를 인정하고 그 죄에 대한 합당한 대가를 치른다. 그는 1번 유형이 지향하는 가치, 정의와 선악에 대한 뚜렷한 구분, 악행에 대한 속죄의 과정을 온전히 자신의 것으로 받아들이고 인내하며 그 과정을 수행하는 모습을 보인다. 그 결과 네 가지 덕목을 상징하는 아테네의 영웅으로 우뚝 서게 되었다.

자신이 저지른 범죄에 대해 언급하는 헤라클레스의 표현을 살펴볼 필요가 있다. 우리는 그 사람이 사용하는 언어와 대화 패턴을 통해 그 사람의 성격을 파악할 수 있다.

"발광한 헤라클레스가 제 아내와 자식을 죽였으니 저는 그 발광한 헤라클레스를 죽이겠습니다."

"인간은 저를 용서할 수 있어도 저는 그 발광했던 헤라클레스를 용서할 수 없습니다. 기적이 일어나지 않는 한 이 목숨은 죽은 목숨입니다. 저는 신의 허락 없이도 이 피를 피로 씻을 수 있습니다. 저는 스스로의 죗값을 물을 줄 모르는 신들을 가르치겠습니다."

— 이윤기의 《그리스 로마 신화》 중에서

갈림길의 헤라클레스

폼페오 바토니 | 1765년 | 에르미타주 미술관 소장

위의 표현은 전형적인 1번 유형의 워딩wording이다. 1번 유형은 표현이 상냥하거나 부드럽지 못하다. 직설적이며 때에 따라서 독설도 거침없이 내뱉는다. 타인에게만 그러는 것이 아니라 자신에게도 그렇다. 헤라클레스는 자신을 발광했다고 적나라하게 표현하면서 독설을 날리며 자신을 응징하겠다고 다짐한다. 내면의 비판자가 모습을 드러낸 것이다.

그리스 신화에서 헤라클레스는 영웅 중의 영웅으로 묘사되어 있다. 신화 속에서 많은 이야기를 보여주고 있는 헤라클레스는 겉으로 보기에는 마치 8번 유형처럼 보인다. 하지만 헤라클레스가 12가지 과업을 이루어나가는 과정에서 보여주는 그의 감정과 행동의 동기를 살펴보면, 그는 강해 보이기만 한 8번 유형이라기보다 1번의 성향을 드러내고 있다. 아파하고 괴로워하고 자신을 비판하는 모습을 통해 내면의 비판자가 그 안에 존재하고 있음을 엿볼 수 있다.

우리가 에니어그램의 성격 유형을 파악할 때 겉으로 드러나는 현상이나 행동만으로 파악하기는 쉽지 않다. 똑같은 행동을 하더라도 그 행동을 하게 하는 동기가 무엇이냐에 따라 유형은 달라지기 때문이다. 예를 들어, 엄마의 말을 잘 듣고 시키는 대로 하는 행동만으로는 아이의 유형을 파악할 수 없다. 어떤 아이는 엄마가 화를 내는 것이 무서워서, 즉 엄마와의 갈등상태가 싫어서 말을 잘 듣는 것일 수 있다. 어떤 아이는 엄마에게 인정받고 싶은 마음에 엄마의 말을 잘 듣는 것일 수 있고, 어떤 아이는 엄마 말을 잘 들어야 엄마가 자신의 시간을 방해하지 않을 거라 생각해서 그러는 것일 수 있다. 같은 행동을 보이지만 내면의 동기가 무엇이냐에 따라, 9번 유형, 3번 유형, 5번 유형으로 파악된다.

1번 유형의 정수,
마하트마 간디

"분노와 편협함은 올바른 인생을 가로막는 적이다."

– 마하트마 간디

20세기 마지막 성인이라 칭송받는 마하트마 간디는 에니어그램 1번 유형의 대표적인 인물이다. 간디는 비폭력, 불복종, 비협력이라는 기치의 사티아그라하Satyagraha를 조직해 인도의 해방을 위해 노력한 지도자였다. 간디의 평소 생활은 극도의 금욕과 절제로 일관되었다. 그러나 이웃에게는 매우 관용적인 태도를 보였고, 종교에 대해서는 융합적인 자세를 취했다.

간디 사상의 근간을 이루는 것은 비폭력주의다. 그는 "비폭력은 인간으로서 가능한 극한의 완벽성을 갖춘 자기 정화다"라고 말했다.

그의 삶과 사상을 들여다보면 1번 유형의 정수를 보는 듯하다.

모든 유형에는 강점과 약점이 있다.

도덕 지향적이고, 지속적으로 자기를 수련해 완벽을 추구하는 모습은 1번 유형의 강점이다. 그래서 건강한 1번 유형은 성실하고 열심히 노력하는 사람들이고, 법 없이도 사는 사람들이라고 평가된다.

그런데 1번 유형의 이러한 강점이 건강하지 못한 상태로 발현되면 약점이 되어버린다.

내 동생은 1번 유형에 속한다. 20대 초반 운전면허 시험을 준비할 때의 일이다. 동생은 자신만의 공부방식을 고수했는데 어떤 시험을 보든 모든 교재를 처음부터 끝까지 완독하고 머릿속에 집어넣어야 한다는 강박감에 시달렸다. 나를 비롯한 주위 사람들이 동생에게 운전면허 시험공부는 그렇게 하면 안 된다고 조언을 해주었다. 필기시험은 60점만 넘으면 합격할 수 있으니 문제를 풀어보면서 눈에 익히는 것이 최상의 공부법이라고 강조했다.

그러나 동생은 완벽을 지향하는 1번 유형이다 보니 주위 사람들 말은 그냥 무시하고 교재를 첫 페이지부터 샅샅이 훑으며 암기를 시작했다. 그러나 곧장 암초에 부딪혔다. 문과생이고 여자인 동생에게 자동차 구조와 부속기능에 대한 내용은 너무 어려운 데다 이해하기 어려운 것이었다. 이해가 안 되니 그다음 챕터로 넘어가지도 못했다.

아마 대부분의 수험생들은 그 파트를 대충 훑어보고 넘길 것이다. 하지만 동생은 대충 넘어가는 것을 용납할 수 없어 결국 무조건 달달 외워버렸다. 이해하지 않은 상태에서 그 많은 것을 외우자니 고통이 이만저만이 아니었을 것이다. 그렇게 공부를 한 결과 동생은 필기시험에서 만점을 받았다.

그러나 운전면허시험은 1등을 하려고 보는 시험이 아니다. 운전면허시험은 기능시험이고 필기보다는 실기가 더 중요하므로 실기에 더 치중을 해야 한다. 그러나 동생에게는 실기시험 이전에 필기시험이 놓여 있고 그것을 완벽하게 준비해야 한다는 강박감이 있었다.

이것이 일상에서 자주 볼 수 있는 1번 유형의 모습이다. 이들은 나무에 집착한 나머지 전체 숲을 보지 못하는 우를 범한다. 융통성이 부족하고 어떤 일에 매달려 인생의 많은 시간을 허비하기도 한다.

우리는 살면서 숲을 전체적으로 파악하면서 넘어가야 할 건 과감히 넘기며 나무를 들여다보아야 한다. 나무는 숲의 일부일 뿐이고 전체가 아니다. 조금 거리를 두고 바라보면 커다란 숲을 볼 수 있다.

1번 유형은 조금 실수해도 인생이 실패하는 것이 아니라는 사실을 깨달을 필요가 있다. 실패가 없다면 그것은 인간이 아니라 신이다. 우리는 실수를 통해 배우게 되고, 실패를 통해 더욱 발전할 수 있다. 그러니 실패하더라도 자신에게 화내지 말고, 실수해도 괜찮다고 인정해주자. 실패와 실수에 대한 두려움을 놓아버리고 몸과 마음에게 쉴 수 있는 여유를 갖게 하자.

완벽한 세상을 원하는 1번 개혁가들은 간디의 말을 새겨볼 필요가 있다.

"네가 옳다면 화낼 필요가 없으며, 네가 틀렸다면 화낼 자격이 없다."

1번 유형이 성공적인 인간관계를 만들려면

스스로 완벽을 추구하는 높은 기준의 1번은 타인들에게 자신의 기준을 강요하기 때문에 주변 사람들이 가까이하고 싶어 하지 않는 경우가 많다. 그래서 1번은 '이 세상에 내가 바꿀 수 있는 사람은 아무도 없다'는 사실을 인지해야 한다. 사람들을 가르치고, 그들이 변화하는 모습에 동기부여가 되는 1번의 선한 의도는 안타깝게도 커뮤니케이션 방식이나 지적하는 태도 때문에 가려지고 드러나지 못한다. 나의 기준은 나의 기준일 뿐, 모든 사람은 스스로의 경험을 통해 기준을 세우고 가치관을 확립하는 독립된 인격체라는 사실을 기억해야 한다. 나만이 완벽하다는 신념에서 나오는 오만한 태도는 주변 사람들에게 심리적이고 물리적인 거리를 갖게 한다.

사람들은 완벽한 사람에게는 다가오려 하지 않는다. 우리가 좋아하는 주변 사람들을 살펴보자. 우리는 완벽한 사람보다는 적당히 빈틈이 있는 사람을 좋아한다. 세상이 완벽하지 못하다는 불만으로 1번의 표정은 생각보다 많이 굳어 있음을 잊지 말자. 성공적인 인간관계를 만들기 위해서는 그 무엇보다 부드럽게 미소 짓는 연습이 필요하다. 1번 유형은 얼굴에 타인을 긴장하게 만드는 표정을 짓고 있는 경우가 많다. 스스로 얼굴의 표정을 부드럽게 하고, 상대의 고칠 점보다는 상대의 장점을 찾아보려는 노력이 수반될 때 1번의 조언을 다른 사람들이 잘 수용하게 될 것이다.

당신 주변에 1번 유형이 있다면

1번 유형과 잘 지내려면 서로 지키기로 한 약속이나 규칙 등은 성실히 이행하는 것이 좋다. 지키지 못하게 될 경우에는 미리미리 알려주어야 한다. 순간을 모면하기 위해 변명을 하거나 거짓말을 하면 1번 유형과의 관계는 돌이킬 수 없는 강을 건너게 된다. 1번 유형은 굉장히 단호한 사람들이어서 한번 관계가 틀어지면 회복하려고 노력하지 않는다는 점을 기억하자.

자신이 늘 옳다고 믿고 있는 1번에게 거칠게 명령조로 이야기를 한다면, 이들의 분노를 보게 될 것이다. 이들과 대화를 할 때 유머나 농담에 잘 반응하지 않는다고 해도 너무 서운하게 생각하거나 기분 상해하지 말자. 이들은 인생을 진지하게 사는 사람들이어서 가벼운 농담 등을 별로 좋아하지 않는다. 되도록 진지한 태도와 진지한 커뮤니케이션 방식을 사용하는 편이 좋다. 아울러 잘못을 했을 경우에는 바로 사과를 해야 한다. 이들은 자신의 잘못을 인정하는 사람에게는 너그러운 편임을 기억하자.

제2장

2번 유형 조력가 - 데메테르

내겐 사랑이 전부예요

2번 유형인 데메테르는
왜 딸에게 집착했을까?

데메테르는 대지의 여신이자 곡식의 수호신
이다. 아름다운 그녀에게 가장 소중한 것은 바로 올림포스의 주신
제우스와의 사이에서 낳은 페르세포네다. 페르세포네 또한 엄마
를 닮아 대단한 미인이었다. 데메테르는 남자들이 미모 때문에 자
신의 딸에게 접근할까봐 페르세포네를 시칠리아 섬에 숨겨두었
다. 그리고 딸이 심심하지 않도록 요정들을 데려다 놓고 그녀들하
고만 놀게 했다. 그러나 페르세포네는 어머니의 걱정과 달리 섬에
서의 생활이 몹시 답답했다. 아름다운 들판도, 멋진 바다도 금방

지루해졌다. 그녀는 점점 세상이 궁금해지기 시작했다.

페르세포네는 평소와 다름없이 요정들과 놀고 있던 어느 날 예쁜 백합 한 송이를 보게 되었다. 그녀가 막 꽃을 꺾으려고 할 때였다. 갑자기 페르세포네가 딛고 있던 땅이 갈라지더니 그 안에서 하데스라는 저승신이 나타나 그녀를 납치해 땅속으로 사라져 버렸다.

한순간에 애지중지하던 딸을 잃은 데메테르는 넋이 나간 사람처럼 밤낮을 가리지 않고 딸을 찾아 헤매기 시작했다. 아홉 밤낮을 먹지도, 자지도, 씻지도 않고 온 세상을 돌아다녔다. 딸을 찾아 헤맨 지 열흘째 되던 날, 데메테르는 태양신 헬리오스를 만나 페르세포네의 소식을 듣게 되었다. 딸이 하데스에게 납치되어 그의 신부가 되고, 지하 세계에 갇혀 있다는 소식이었다.

하데스는 저승의 왕으로, 그의 세계는 죽은 자들만 갈 수 있는 곳이기에 데메테르는 절망에 빠졌다. 자신의 품을 벗어난 적이 없는 딸이 끔찍한 지하에서 애타게 자신을 부르고 있을 것을 생각하자 심장이 녹아내리는 것 같았다.

데메테르처럼 한없이 품어주는 엄마 또는 언제든 나에게 뛰어와줄 준비가 되어 있는 큰언니가 있다면 생각만으로도 포근하고 따뜻해지지 않는가?

자신의 사랑을 한없이 주고 싶어 하는 사람들을 볼 수 있는데 이들은 2번 유형에 속한다. 앞서 본 데메테르 이야기에서 데메테르는 사랑하는 딸을 찾기 위해서 곡식의 여신이라는 자신의 본분까지도 버리는 2번 유형으로 묘사된다. 그리스 신화에서 데메테르는 가장 인심이 좋은 여신이다. 그녀는 곡식과 풍요의 여신으로 인간에게 풍성한 곡식과 과일을 선물한다. 페르세포네 신화에서 데메테르는 모성적 본능이 극대화되어 발휘되고 타인을 잘 보살피는 모습을 보인다.

이처럼 2번 유형은 사랑하고 사랑받기 위해서 이 세상에 왔다. 2번 유형에게 사랑이란 삶에서 가장 중요한 가치관이다. 이들의 가슴에는 항상 정이 넘쳐 자신에게 넘치는 사랑을 주변에 나눠주고 싶어 한다. 2번 유형이 많은 곳은 넘치는 사랑으로 인해 따뜻한 온기가 느껴진다. 이들은 타인을 위해 무엇을 해줄 수 있는지를 늘 생각하고 그것을 남들에게 베푼다. 그래서 이들의 관심은 언제나 타인에게 맞춰져 있다.

자신이 아닌 타인을 바라보는 2번 유형을 자세히 알아보기 위해 신화 속으로 다시 들어가보자.

사랑을 한없이 나눠주지만
거절당하면 냉정하다

━━━━━━━━━━ "당신은 페르세포네의 아버지인데, 그렇게 보고만 있을 수 있나요? 제우스 당신은 최고의 신이니 뭔가 방법이 있을 거 아니에요? 어서 페르세포네를 데려오세요!"

하데스에게 납치된 페르세포네를 되찾아올 방법이 없어 슬퍼하던 데메테르는 이런 사태를 방관하는 남편 제우스에게 큰 분노를 느꼈다.

제우스가 꼴 보기 싫어진 그녀는 신들의 거주지인 올림포스를 떠나 지상으로 내려와 노파로 가장하고 딸을 찾으러 떠돌아다니다가 한 마을에 도착했다. 그곳 통치자의 딸들의 눈에 띈 데메테르는 왕자인 데모폰의 유모가 되었다. 그녀는 데모폰을 마치 자기 자식인 것처럼 정성껏 돌보았다. 사랑이 많고 남의 일에 관심이 많은 2번 유형이기 때문에 가능한 일이다.

데메테르는 남몰래 아기에게 신의 음식을 먹이고 불에 쬐어 영생을 주려 했다. 그런데 데모폰의 어머니가 아기를 불에 그을리는 장면을 보고 놀라 소리를 질렀다. 그러자 데메테르는 크게 분노하며 더 이상 아기에게 영생을 주지 않았다. 2번 유형은 상대가 자신의 도움을 거부하는 것을 견디지 못하므로 데메테르는 그 사랑을 거두어 버렸다. 데메테르는 아기 엄마가 엄연히 있음에도 자기가 독점적인 어머니의 지위를 누리고자 했던 것이다.

여신의 정체를 드러낸 데메테르는 자신을 위한 신전을 지을 것을 명령했다. 그녀는 그 후로 신전에 자리잡고 앉아 오로지 딸을 생각하며 슬픔에 잠겨 아무 일도 하지 않았다. 곡식의 신이 슬픔에 잠기니 땅에서는 아무것도 자라지 못했다. 인간들이 아무리 밭을 갈고 정성스레 곡식을 키워도 열매가 맺히지 않았다. 그로 인해 인류는 심각한 가뭄과 굶주림에 시달렸고, 더 이상 신에게 제물을 바칠 수 없었다. 이 지경에 이르자 마침내 제우스가 나섰다.

그는 헤르메스에게 지하세계로 가서 페르세포네를 구출해 오라고 명령을 내렸다.

헤르메스의 중재로 하데스는 페르세포네를 지상으로 보내주기로 했다. 그러나 그에게는 따로 생각이 있었다.

"사랑하는 페르세포네, 물 한 모금 못 먹은 당신이 너무 안쓰럽군요. 당신을 납치해 오긴 했지만 난 언제나 당신을 사랑했어요. 미안해요. 그러다 쓰러지겠어요. 지상으로 가기 전에 이거라도 좀 먹어봐요."

그러자 페르세포네는 집에 갈 수 있다는 생각에 하데스가 건넨 석류씨 한 알을 기꺼이 삼켰다. 그리고 헤르메스의 마차를 타고 지하세계를 떠나 어머니 곁으로 돌아갔다. 그러나 그 석류씨 한 알 때문에 페르세포네는 완전히 어머니 곁에 머무를 수 없게 되었다. 지하의 음식을 먹으면 지상에서만 살 수는 없었던 것이다. 그래서 페르세포네는 일 년 중 삼분의 이는 데메테르와 함께 지상에서, 삼분의 일은 하데스와 지하세계에서 살게 되었다.

딸을 찾은 데메테르는 다시 땅에서 곡식이 풍요롭게 자랄 수 있도록 넉넉한 인심을 베풀었다. 그러나 페르세포네가 하데스와 있는 일 년의 삼분의 일은 슬픔에 잠겨 아무 일도 하지 않아 인류는 곡식이 자랄 수 없는 차가운 겨울을 견디는 처지가 되었다.

아낌없이 베풀고 상대가 만족하는 모습에서
만족을 느낀다

───────── 데메테르와 같은 2번 유형은 항상 타인을 향해 웃고 있기 때문에 좋은 인상을 갖고 있다. 부드러운 눈빛에 말씨도 상냥해서 2번 유형은 사람들에게 사랑받는 유형이다. 이들의 시선과 마음은 항상 상대를 향해 열려 있어 언제든지 상대를 도와줄 준비가 되어 있다. 마치 "뭐가 필요해? 나에게로 와. 내가 다 해줄게"라고 말하는 듯하다.

그 도움은 물질적인 필요를 채워주고 육체적으로 보살펴주는 것에 그치지 않고 정서적 안정감을 주는 것까지 포함된다. 데메테르는 인심 좋은 풍요의 여신이다. 2번 유형답게 인류에게 곡식을 내주고, 딸에게 헌신적이었으며, 남의 자식인 데모폰에게까지 자신의 능력을 동원해 아낌없는 보살핌을 주었다.

나의 엄마는 2번 유형이다. 우리 식구들은 엄마 없이는 일주일도 살기 힘들다. 엄마가 옆에서 모든 것을 잘 챙겨주시는 데 익숙해졌기 때문이다.

2번 유형은 다른 사람에게 음식을 풍성하게 해 먹이는 데서 만족감을 느낀다. 우리 엄마는 맛있는 음식을 해놓고 식탁에 앉아 식구들이 먹는 모습을 옆에서 흐뭇하게 지켜보며 누가 어떤 반찬을 먹는지 눈여겨봤다가 그 사람 앞에 그릇을 옮겨 놓는다. 그러나 정작 자신은 먹지 않는다. 단지 식구들이 먹는 것을 지켜보며 만족하는 것이다.

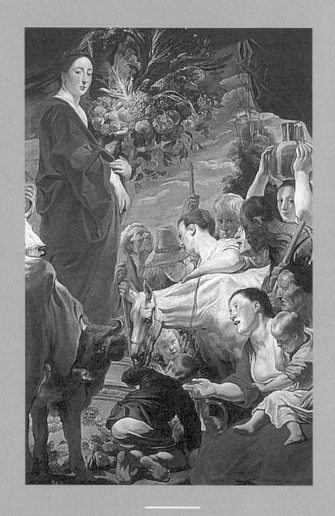

수확의 여신 케레스에게의 봉헌

아코프 요르단스 | 1619년 | 프라도 미술관 소장

결혼 후에도 친정에 갈 때마다 "이건 며칠 동안 말리고 쪄서 만든 거야. 꼭 다 먹어"라는 따뜻한 말을 건네며 반찬을 산더미로 싸주신다. 1번 유형인 친구 엄마의 경우에는 "반찬 많이 해놨어. 가져갈 거면 필요한 만큼 가져가"라고 하신다고 한다. 자식을 사랑하는 엄마들의 마음은 모두 같지만 성격 유형에 따라 그 행동 양식은 이처럼 다르게 나타난다.

어느 해인가는 김장김치가 너무 맛있게 되었다며 주변 친구들에게 모두 나눠주고 정작 집에는 먹을 김치가 모자라 김치를 또 담근 적도 있었다. 2번 유형은 이럴 때 자신이 좋은 엄마, 좋은 아내, 좋은 친구가 된 듯한 기분을 느끼며 그 상황을 즐긴다.

우리 친정집엔 식구별로 사용하는 치약, 샴푸 등이 각각 다르다. 그 사람이 사용하는 물품이 떨어지기 전에 엄마가 물품별로 구비해놓으신다. 또한 식구들이 다음 날 입을 옷, 준비물 등등 모든 것을 준비해놓으신다.

이처럼 2번 유형은 상대 개개인에게 세심하게 관심을 기울여 필요한 부분을 파악하고 그 사람이 만족하는 모습을 보면서 만족감을 느낀다.

남다른 친화력으로 사람과 사람을 연결하는 데 능하다

관계를 중시하는 2번 유형은 사교적이며 사

람들을 즐겁게 해주는 것을 좋아한다. 타인에게 관심이 많기 때문에 상대의 작은 변화까지도 쉽게 알아낸다. 다른 사람들은 잘 의식하지 못하는데 2번 유형은 "오늘 얼굴빛이 안 좋네. 무슨 일 있어?"라고 말하며 상대의 눈치를 살핀다.

또한 이들은 상대의 말을 잘 들어 주고, 상대의 긍정적인 면들을 발견해 칭찬해주며, 감정이 풍부해서 상대의 말에 잘 반응해준다. 힘들 때 이들에게 받는 공감과 위로는 세상 그 무엇보다도 따뜻하다.

이들은 모임 안에서 소외된 사람들이 없는지 세심하게 살피고, 그들에게 먼저 다가가 챙겨준다. 심지어 친구를 만들어주기도 한다. 2번 유형은 사람과 사람을 연결해주는 일에 능하다. 2번 유형인 친구가 한 명 있는데 그녀가 해외여행을 다녀온 적이 있다. 그때 10명 정도가 한 팀이 되어 갔는데, 그녀와 그녀의 초등학교 친구, 그 친구의 친구, 대학교 친구와 그의 친구, 직장 동료와 그 동네 친구들로 구성되었다. 이런 조합은 사실 쉽게 구성될 수 없지만 사람을 연결하는 데 능한 2번 유형이기에 가능하다.

베푸는 걸 좋아하는 2번 유형은
이타주의자일까?

그렇다면 2번 유형은 왜 남들에게 베풀고 도움을 줄까? 그들이 이타적인 사람들이기 때문일까? 만약 계속 무언가를 주기만 하고 받지 못한다면 2번 유형은 어떤 행동을 보일까?

만약 계속 주기만 하고 받지 못한다면 2번 유형은 분노할 것이다. 에니어그램에서는 행동의 동기를 중요시한다. 2번 유형이 타인에게 관심을 갖고 도와주는 행동 이면에는 그만큼 관심받고, 인정받고 싶은 마음이 숨어 있다. 도움을 줌으로써 다른 사람에게 꼭 필요한 사람이 되어 사랑받고 싶은 것이다.

2번 유형은 다소 의존적이다. 이들에게는 타인이 꼭 필요하다는 뜻이다. 남들에게 잘해주고 도움에 대한 보답(인정과 사랑)을 받는 것은 2번 유형에게는 자기 존재감을 확인하는 길이다. 그래서 인정받고 사랑받지 못하면 살아가는 기쁨을 느끼지 못한다. 결국 2번 유형에게는 타인의 인정이 무엇보다 중요하다.

그래서 이들은 상대의 부탁을 거절하지 못한다. 만약 거절하면 상대에게 쓸모없는 사람이 되어 사랑받지 못할까 두려워하기에 도울 수 없는 상황에서도 거절하지 못한다.

2번 유형은 이처럼 시선이 온통 타인에게로 향해 있기 때문에 정작 자신이 필요한 것이 무엇인지 파악하고 스스로를 돌보는 일에는 소홀하다. 자신의 욕구에는 관심도 없고, 아예 생각하지 않으려 하기도 한다.

이들은 만약 자신의 필요를 인식한다고 하더라도 그것을 인정하거나 표현하지 않는다. 왜냐하면 자신은 남을 도와주는 사람이지 도움을 받는 사람이 아니라고 생각하기 때문이다. 그러면서도 이들은 타인의 관심과 사랑을 필요로 하는 모순된 마음을 갖고 있다. 속으로는 도움을 준만큼 보답받기를 원하지만 그것을 상대에게 표현하지는 못하고 '내가 그만큼 해줬으면 말 안 해도 이 정도는 해 줘야지'라고 생각한다. 만약 상대가 자신의 필요를 채워주지 않으면 매우 섭섭해하는데, 섭섭한 감정이 깊어지면 분노하고 과격해지기도 한다. 그리스 신화의 메데이아 이야기에서 우리는 미성숙한 2번의 이러한 모습을 엿볼 수 있다.

욕구가 좌절되면
당한 이상으로 되갚는다

─────────────── 메데이아는 한 왕국의 공주였다. 남부러울 것 없이 살던 그녀는 자신의 고향을 떠나 낯선 나라에서 남편 이아손과 두 아이들과 살았다. 그런데 그곳의 왕이 이아손을 무척 마음에 들어 하며 딸과 결혼시키려 했다. 이아손은 이미 처자식이 있었기에 왕은 이들을 모두 내쫓고 자신의 딸과 맺어주려 했다.

메데이아는 남편인 이아손이 자신과 아이들을 지켜줄 것이라 믿었다. 그러나 그녀의 바람과 달리 이아손은 메데이아를 버리고 새장가를 가려고 했다. 건강하지 못한 2번 유형의 메데이아는 이 상황을 어떻게 해결했을까?

그럼, 메데이아는 왜 이런 상황에 처하게 된 것일까?

메데이아가 결혼 전 공주로 살던 나라에는 황금양피가 있었는데, 황금양피는 당시 모든 나라의 왕들이 탐내는 물건이었다. 어느 날 이아손이라는 외부인이 그 황금양피를 차지하러 메데이아가 있는 나라로 왔다.

이아손을 본 메데이아는 한눈에 그에게 반했다. 이아손을 돕는 것은 아버지와 조국에 대한 배신이었지만, 그녀는 아버지 몰래 이아손이 황금양피를 차지하도록 도왔다. 둘은 마침내 부부가 되었고, 함께 남편의 고향으로 떠났다.

이아손이 황금양피를 찾으려 했던 이유는 삼촌에게 그것을 주고 대신 빼앗긴 왕위를 되찾기 위해서였다. 그러나 황금양피를 내민 이아손에게 돌아온 것은 왕위가 아니라 삼촌의 배신이었다. 메데이아는 이번에도 이아손을 도왔다. 원래 메데이아는 마법사였다. 그녀는 마법을 이용해 이아손을 괴롭히는 왕을 살해했다. 가는 곳마다 분란을 일으키는 메데이아와 이아손 부부는 결국 어디에서도 환영받지 못하고 쫓겨 다니게 되었다.

그러다 정착하게 된 나라에서 그곳의 왕이 이아손을 마음에 들어 하고 자기 사위로 삼고자 한 것이다. 게다가 이아손은 물심양면으로 자신을 도와준 메데이아를 배신하고 결혼을 추진했다. 그를 위해 혈육은 물론 나라와 모든 것을 버리고 살인까지 저지른 자신을 배신한 이아손을 보며 메데이아는 복수를 결심했다.

메데이아는 이아손의 결혼식 날 신부에게 독이 묻은 옷을 선물했고, 이 옷을 입은 신부는 화염에 휩싸여 타 죽었다. 그러나 메데이아의 복수는 여기서 끝나지 않았다. 그녀는 칼을 들고 자기 자식 둘까지 모두 죽였다. 자신을 배신한 이아손에게 가장 고통스러운 일은 이아손 자신의 죽음이 아니라 자식의 죽음임을 알고 있었기 때문이다.

메데이아는 사랑받고 싶은 욕구가 좌절되자 헌신하던 모습에서 완전히 다른 모습을 보인다. 그녀는 너무도 사랑했던 이아손에게 자신의 모든 것을 바쳐 도와주었음에도 그 결실이 돌아오지 않자 악녀로 변한다. 상대에 대한 집착과 질투는 극으로 치닫는다.

이 모습은 상냥하고 배려심 많으며 사랑스러운 2번 유형이라고 상상하기 어렵다.

이들은 건강하지 않은 상태에서 다른 유형처럼 보이기도 한다. 2번 유형은 사실 에너지의 크기가 상당히 큰 편이다. 그러한 큰 에너지로 인해 이들은 스트레스 상황에서 8번의 건강하지 않은 행동을 보인다. 크게 화를 내거나 호전적으로 행동함으로써 자신을 함부로 대해서는 안 된다는 메시지를 전달하려 한다. 타인을 지배하려는 과도한 몸부림, 배신에 대한 처절한 응징, 이것이 건강하지 않은 8번의 모습을 보이는 2번의 모습이다.

물론 이아손이 메데이아의 삶을 망쳤다고 그녀를 동정할 수도 있다. 그러나 이는 결국 이아손이 그녀에게 도움을 요청했을 때 거절하지 못해서 비롯된 일이다. 2번 유형의 필요하지 않은데도 거절하지 못해 물건을 사고, 친구의 부탁을 외면하지 못해 친구 아이들까지 봐 주고, 밤늦게까지 식구들의 뒤치다꺼리를 하느라 쉬지도 못하는 행동들은 결국 자신을 지치게 한다. 그러고는 능력 이상의 일을 떠맡아도 꿋꿋하게 해낸 자신의 노력을 제대로 봐주

메데이아
빅토르 모테 | 19세기경 | 블루아 성 미술관 소장

지 않는 상대를 원망한다.

지나친 독점욕은
상대에게 부담감을 주기도 한다

──────── 2번 유형의 타인에 대한 관심과 도움은 때로는 상대에게 불편함을 주기도 한다. 이들은 사람에 대한 욕심이 많다. 상대에게 필요한 사람이 되기 위해 사랑이라는 이름으로 간섭하고 통제하려고 든다. 그래서 다른 사람이 자기에게 의존적으로 되길 원한다. 건강하지 않은 2번 유형의 모습은 상대로 하여금 자기에게 빚을 졌다는 죄의식을 느끼게 해 상대를 조종하려 든다는 것이다. 여기에는 '내가 널 이만큼 도와줬으니 넌 내가 원하는 대로 행동해야 해', '난 너에게 중요한 사람이니까 내 말 들어' 라는 마음이 깔려 있다. 2번 유형은 이렇게 상대에 대한 지배욕이 강하다.

독점욕 또한 2번 유형의 특성이다. 예를 들면, 내 친구가 다른 친구와 더 친하게 지내는 것을 보면 질투가 나고, 나하고만 친했으면 하는 욕구를 말한다. 이러한 감정이 심해지면 자신의 친구가 다른 사람과 이야기하는 것만 봐도 화가 나고 소외감을 느낀다.

건강한 2번 유형은 남에게 도움을 주는 그 자체로 기쁨을 느끼지만, 건강하지 않은 2번 유형은 자신의 도움에 대한 보답을 철저히 요구한다. 그 보답은 물질적인 것일 수도 있지만 칭찬, 인정, 끈끈한 관계 등의 정서적인 것도 포함된다. 어쩌면 물질보다도 따뜻한 말 한마디가 이들이겐 더 중요할 수도 있다.

많은 어머니에게서 이런 모습을 자주 볼 수 있다. "내가 널 어떻게 키웠는데, 네가 나한테 이럴 수가 있어?" 이는 전형적인 2번의 언어다. 자식에게 헌신적이고 희생적인 어머니는 자식들이 자기 말을 따르기를 바라고, 끈끈하게 연결되어 있어야 한다고 생각한다. 소원해지면 섭섭해하고 우울해한다.

데메테르가 데모폰에게 영생을 주려다 들켰을 때 크게 분노하며 더 이상 아기에게 헌신하지 않는 모습에서 2번 유형의 독점욕을 엿볼 수 있다. 또한 데메테르는 성년이 된 딸을 어린애 취급하면서 섬 밖으로 나가지 못하게 하고 독점적인 보호자의 지위를 고수했다. 그리고 무의식적으로 '나만이 널 보살펴줄 수 있어', '넌 나 없이는 안 돼' 라는 생각을 심어주었다. 데메테르가 그런 생각을 평소에 페르세포네에게 주입하였기에 납치된 페르세포네는 어머니가 구해 주길 기다리며 스스로 탈출하려는 시도조차 하지 못한다.

데메테르처럼 자식을 과보호하면 자식의 독립심을 자라지 못하게 한다. 물론 지극한 사랑을 받았던 페르세포네는 부족함 없이 행복했을 수 있다. 그러나 자식이 언제까지나 부모의 사랑만으로 살아갈 수는 없다. 페르세포네도 어머니의 지나친 사랑이 답답했을 것이다. 하데스에게 납치되고 나서 다시 어머니에게 돌아갈 때 하데스가 준 석류를 먹음으로써 일 년의 삼분의 일은 어머니를 벗어나 지하세계에 머무르게 된 것도 다분히 그녀의 의도가 숨어 있었던 것이다.

신화에서는 납치사건 이후 페르세포네가 어머니와 함께 있는 모습은 별로 보여주지 않는다. 오히려 지하세계의 여왕으로서 많은 역할을 하는 것으로 표현된다. 페르세포네는 지하세계에서 어머니의 의존적인 딸이 아닌 자신만의 인생을 찾은 것이다.

타인에게 고정되어 있는 시선을
자신에게도 돌려보아야 한다

─────────── 2번 유형은 스스로를 이타적인 착한 사람으로 생각한다. 그래서 자신의 의도가 사람들을 돕고자 하는 선한 마음에 있다고 생각해 남들을 불편하게 할 수도 있다는 사실을 인식하지 못한다. 또한 착한 어머니와 아내의 역할을 하는 자신이 마음속 깊이 상대에 대한 부정적인 감정을 갖고 있다는 것도 받아들이지 못한다. 만약 메데이아가 남편 이아손에게 품고 있던 분노를 미리 알아차렸더라면 아이를 죽이는 끔찍한 일까지는 벌어지지 않았을 것이다. 2번 유형은 성숙한 사람이 되기 위해서 자신의 부정적인 면을 바라볼 수 있는 통찰력이 필요하다.

타인의 기준에 맞추지 말고
자신의 원칙을 정하자

─────────── 메데이아와 데메테르 같은 상대에게 헌신하

며 상대를 독점하고 싶어 하는 2번 유형은 스스로 삶의 주체가 되어야 한다. 그러기 위해서는 끊임없이 자신을 점검해야 한다.

돕는다는 명목으로 남을 조종하려고 한 것은 아닌지, 과연 나는 진정으로 보답을 바라지 않는지 생각해볼 필요가 있다. 만약 보답을 바라고 있다면 '내가 사랑받기 위해서 돕고 있구나'라고 스스로 인식하면 된다.

남을 미워하는 마음, 그로 인한 나의 괴로움이 상대에게 대가를 바라기 때문에 생기는 것임을 기억하자. 그러한 마음을 내려놓고 스스로 좋아서 하는 마음가짐을 불교에서는 '무주상보시'라고 한다. 스스로 좋아서 한다면 남에게 도움을 주는 것 자체로 만족하고, 만약 돕는 것 자체가 기쁜 일이 아니라면 그런 행동을 하지 않기로 결정해보자. 누군가의 부탁을 무조건 받아들였던 자신에서 벗어나 원칙을 정하고 원하지 않을 때는 "아니요, 싫어요"라고 말해보는 것이다. 타인의 부탁을 제대로 거절하고 그 이유를 밝히는 편이 착취당한다고 느끼며 분노를 표출하는 행동보다 훨씬 낫다.

또한 2번에게는 타인에게 도움을 요청해보는 태도도 필요하다. 2번 유형은 혹시 거절을 당할까봐 두려워 남에게 요청을 잘 하지 못하는 경향이 있다. 그러나 거절은 나의 영역이 아니라 상대의 영역이다. 상대의 마음까지 자신이 조절할 수는 없는 법이다. 만약 거절을 당한다 해도 나의 요청이 거절당한 것이지 내 존재가 거절당한 것은 아니라는 사실을 기억하자. 그러면 거절을 당하는 것에 대해 좀 더 여유로워질 수 있다.

타인과의 관계 유지를 위해서는
도움보다 신뢰를 주어야 한다

—————————— 만약 2번 유형에 속하는 사람이라면, 페르세 포네가 어머니에게서 독립한 것처럼 감싸 쥐고 있던 상대를 놓아 주자. 페르세포네는 자녀일 수도 있고, 친구나 애인, 가족일 수도 있다. 나의 과도한 관심으로 의존심을 부추겼던 그들이 독립적으로 살아갈 수 있도록 도와줄 필요가 있다. 페르세포네가 하데스에게 가 있는 동안 데메테르는 인내의 시간을 가져야 하듯 상대에게 시간을 주고 상대가 나를 필요로 할 때까지 기다려야 한다. 2번 유형에게는 남을 돕는 일은 쉽지만, 간섭하거나 통제하지 않고 상대가 도움을 요청할 때까지 기다렸다가 도와주는 것은 엄청난 인내를 필요로 한다. 2번 유형은 스스로 자신의 부족함을 느끼고 상대를 도움으로써 그 부분을 채우려고 한다. 그러나 자신을 믿고, 상대방을 믿으며 상대방과 이상적인 거리감을 유지해야 한다. 진정한 사랑은 의존이 아니라 신뢰를 바탕으로 한다.

겨울은 우리의 의지와 상관없이 오고, 그 겨울을 잘 견디고 나면 어김없이 봄이 온다. 데메테르가 페르세포네가 없는 겨울을 견딘 뒤 봄에 다시 사랑하는 딸과 함께하듯이 상대에게 자유와 시간을 주는 것은 건강한 관계 유지를 위해서 반드시 필요하다.

상대를 있는 그대로
인정하고 받아들이자

———————— 데메테르와 같은 2번 유형에게 도움이 될 만한 영화가 있다. 〈늑대아이〉라는 일본 애니메이션이다.

'하나'라는 인간 엄마와 늑대인간 아빠 사이에서 귀여운 두 아이가 태어났다. 남매의 이름은 유키와 아메다. 아빠의 피를 물려받은 두 아이는 평소에는 인간의 모습이지만, 흥분을 하면 늑대로 변신하는 늑대인간이다. 어느 날 갑작스레 아빠가 세상을 떠나고, 엄마는 이 특별한 아이들을 혼자서 키웠다. 아이들이 아파도 하나는 그들을 인간 병원에 데려갈 수 없지만, 그렇다고 누구에게도 물어볼 수 없는 처지다. 그녀는 두 아이가 늑대인간이라는 사실을 들키지 않고 키워내야 했다. 만약 아이들이 늑대인간임을 들키기라도 하면 아빠처럼 목숨이 위험할 수도 있기 때문이다. 육아는 모든 엄마에게 힘들고 고된 일이지만 하나에게는 더더욱 낯설고 힘겨운 일이었다.

하나는 두 아이가 인간으로 살아갈지 아니면 늑대로 살아갈지 어려운 결정을 해야 했다. 그녀는 아이들이 원하는 인생을 선택할 수 있도록 곁에서 지켜봐준다. 누나 유키는 밝고 활동적이며 왈가닥 기질을 갖고 있어 별다른 고민 없이 아빠처럼 인간으로서 살기로 결정했다. 반면 남동생 아메는 겁이 많고 소극적인 기질이어서 고민에 고민을 거듭하다 엄마와 함께할 수 없는 늑대의 길을 선택했다.

이때 하나는 아메에게 늑대가 아닌 인간으로 사는 것이 더 행복하다고 강요하지 않는다. "난 아직까지 아무것도 못해줬는데"라고 슬퍼하면서도 아메를 산으로 보내준다. 그리고 아메를 향해 웃어준다. 그 속에는 '난 너의 선택을 지지하고 응원한다' 라는 마음이 담겨 있는 듯하다.

이 애니메이션은 '사랑은 내가 주는 만큼 상대에게 돌려받기를 바라는 것이 아니라 그의 선택을 존중하는 것이다' 라는 소중한 가르침을 준다. 있는 그대로의 상대를 인정하는 것에서 2번의 성장은 시작된다.

남을 살피기 전에 자신을 살펴보자

────────── 페르세포네가 없는 기다림의 시간 동안 데메테르는 나 자신으로 살아가는 법을 배우는 것이 필요하다. 2번 유형은 혼자만의 시간을 견뎌보아야 한다. 타인에게 쏠려 있던 관심을 나에게로 옮기고, 나 자신을 스스로 돌볼 수 있어야 한다. 상대에게 무엇이 필요한가를 살피기 전에 나의 욕구가 무엇인지 생각해보자. 나의 감정과 느낌에 따라 행동해보자.

사람은 항상 긍정적이고 밝은 모습만 보여야 하는 것은 아니다. 우리는 실제로 많은 시간 슬픔과 고통 그리고 외로움을 겪게 된다. 그러나 2번 유형은 슬프고 괴로울 때도 남을 향해 웃고 있다.

이제는 슬프고 힘들다고 솔직히 말해보자. 내면의 감정들을 누군 가에게 말할 수 있다면 나 자신으로 살아가는 법을 배우기 시작한 것이다.

계속해서 남들에게 무언가 주지 않아도 괜찮다. 나 자신이기 때 문에 사랑받는 것이지 내가 준 도움 때문에 사랑받는 것이 아니라 는 사실을 기억하자. 또한 2번 유형이 집착하는 '사랑받는 것'만 이 삶의 전부는 아니다.

《성경》에 "네 이웃을 네 몸과 같이 사랑하라"는 구절이 있다. 언 뜻 보면 타인을 사랑하라는 뜻으로 보이지만, 한편으로는 자신을 사랑하라는 의미이기도 하다. 내 몸을 사랑하지 않는 사람은 다른 사람을 사랑할 수 없다. 내 욕구를 알아차리지 못하는 사람은 결 코 다른 사람의 욕구를 존중하지 못한다.

위대한 사랑의 마법을 실현한
이상적인 2번 유형 오드리 헵번

———————— 2번 유형은 공감능력이 뛰어나다. 이들이 성 숙한다면 공감의 영역을 자신에게도 넓힐 수 있게 된다. 2번 유형 이 자신의 감정과 욕구를 깊이 인식하면 건강한 4번의 모습을 보 인다. 4번 유형처럼 내면에 집중해 진정한 자신의 모습을 찾을 수 있다. 자신의 부정적인 감정까지도 받아들이게 되고, 스스로 위로 할 수 있게 된다. 이렇게 되면 상대에게 과도한 칭찬과 관심을 주

지 않아도 사람들과 더욱 건전하고 바람직한 관계를 맺을 수 있다.

〈로마의 휴일〉로 혜성처럼 나타난 오드리 헵번은 배우로서 많은 사람에게 사랑을 받았다. 따뜻한 눈빛으로 타인을 향해 웃는 밝은 모습은 그녀의 트레이드마크였다. 그러나 우리가 기억하는 그녀는 사랑스러운 여배우의 모습만은 아니다. 큰 사랑을 실천한 한 인간으로 그녀를 기억하고 존경하는 사람이 더 많다. 그녀는 바람직한 2번 유형의 모습을 잘 보여주고 있다.

오드리 헵번은 당시 최고의 여배우로 스포트라이트를 받았지만, 무엇보다 가정을 소중하게 생각했던 '내조의 여왕'이었다. 그녀는 배우로서의 성공보다는 사랑이 충만한 가정을 가장 원했다. 그래서 여배우로서 정점에 있던 때 사랑을 만나 순수한 마음으로 사랑하고 모든 걸 바쳤지만 남편의 외도로 상처를 받기도 했다.

그녀의 첫 번째 남편이었던 멜 페러는 한물간 배우였다. 그녀는 남편의 재기를 위해 백방으로 노력했다. 남편을 출연시키기 위해 원치 않는 영화에 출연했고, 남편의 촬영장에 따라가 허드렛일을 하기도 했으며, 자신에게 전혀 어울리지 않는 역할도 마다하지 않고 남편이 제작한 영화에 출연하며 재기를 돕고자 했다. 그러나 멜 페러는 오드리 헵번을 이용만 했을 뿐만 아니라 바람까지 피웠다.

그렇다면 이쯤에서 그리스 신화의 메데이아가 떠오르지 않는가? 자신의 모든 것을 바쳐 남편 이아손을 도왔지만 배신당했던 메데이아는 결국 어떻게 행동했는가? 그녀는 이아손이 결혼할 상대를 죽이고, 심지어 두 아이를 죽임으로써 이아손에게 처절하게 복수했다. 그러나 오드리 헵번은 달랐다. 인기 배우였던 자신의 그늘에 가려진 남편의 마음을 이해하고 따뜻하게 감싸주었고 끝까지 가정을 지키고자 했다. 하지만 멜 페러는 결국 그녀를 떠나버렸다.

그 후 또 한 번의 이혼을 겪은 오드리 헵번은 영화계에서 사라졌다. 그러나 아무도 예상치 못한 곳에서 나타나 모두를 놀라게 했다. 아프리카에서 남몰래 봉사를 시작했던 것이다. 전쟁을 겪고 꿈을 꺾어야 했던 힘들었던 어린 시절의 아픔, 그리고 한 가정에서 사랑받는 아내와 엄마로 살고 싶어 했지만 상처로 남은 경험을 다른 사람에 대한 사랑으로 치유하려 했다.

"인생에서 가장 중요한 것이 무엇입니까?"라는 질문에 오드리 헵번은 이렇게 대답했다.

"사랑이지요. 사람이 두려운 것은 나이를 먹는 것이나 죽는 것이 아닙니다. 외로운 삶과 애정이 결핍된 삶이 가장 두려운 거예요."

오드리 헵번은 삶에서 무엇보다 사랑을 갈구했고 사랑받고 싶어 했다. 그리고 자신이 받고 싶은 사랑을 나누어줌으로써 그 사랑을 높은 차원으로 끌어올렸다.

그녀는 배우로 살 때보다 봉사현장에서 더욱 열정적으로 활동했다. 동정심 많고 감정이입이 뛰어난 그녀에게 봉사현장의 끔찍함은 엄청난 고통으로 다가왔다. 그 고통은 그녀를 병들게 했지만, 그녀는 극심한 암의 고통 속에서도 진통제를 복용하며 끝까지 봉사 일정을 강행했다.

　우리는 오드리 헵번에게서 건강하게 나이 들어간 2번의 모습을 볼 수 있다. 대가를 바라지 않는 순수한 사랑과 헌신에서 진정한 아름다움을 발견하게 된다. 스스로 삶의 주체가 되어 내면의 충만함을 느끼고, 그 충만함이 밖으로 흘러넘쳐 누군가에게 힘이 될 수 있는 존재, 이것이 바로 2번이 성숙했을 때 보이는 4번의 모습이다.

　오드리 헵번은 자신의 경험을 통해 아름다움에 대해 이렇게 말했다.

"아름다운 입술을 갖고 싶으면
친절한 말을 하라.
사랑스런 눈을 갖고 싶으면
사람들에게서 좋은 점을 봐라.
날씬한 몸매를 갖고 싶으면
너의 음식을 배고픈 사람과 나누어라.
아름다운 머리카락을 갖고 싶으면
하루에 한 번 어린이가 손가락으로 너의 머리를 쓰다듬게 하라.
아름다운 자세를 갖고 싶으면
결코 너 혼자 걷고 있지 않음을 명심하라.
사람들은 상처로부터 복구되어야 하며
낡은 것으로부터 새로워져야 하고

병으로부터 회복되어야 하고

무지함으로부터 교화되어야 하며

고통으로부터 구원받고 또 구원받아야 한다.

결코 누구도 버려서는 안 된다.

기억하라.

만약 도움의 손길이 필요하다면

너의 팔 끝에 있는 손을 이용하면 된다.

네가 더 나이가 들면 손이 두 개라는 걸 발견하게 된다.

한 손은 너 자신을 돕는 손이고

다른 한 손은 다른 사람을 돕는 손이다."

오드리 헵번은 한 남자의 연인으로 사랑받고 사랑하는 것에서 인간에 대한 사랑을 배웠고, 사랑을 받는 것보다 주는 것이 중요하다는 사실을 깨달았다. 그녀는 일생을 통해 위대한 사랑을 실천한 가장 아름답고 사랑스러운 2번의 모습을 보여주었다. 신화 속 메데이아는 불행한 삶을 살았지만, 어쩌면 메데이아에게 마법은 원래 사람과 사람 사이를 이어주고, 더 큰 사랑을 실천하기 위한 목적으로 주어졌을지도 모른다. 오드리 헵번은 신화 속 메데이아의 마법을 현실에서 이루어지게 한 진정한 마법사가 아닐까?

2번 유형이 성공적인 인간관계를 만들려면

2번은 몸이 몇 개라도 모자라다는 말을 자주 한다. 주변 사람의 부탁을 거절하기 어렵기 때문이다. 그러나 모든 부탁을 다 들어주지 않더라도 2번은 충분히 사랑스러운 사람이다. 2번은 감당할 수 없는 일에는 단호하게 "No!"라고 말할 수 있는 용기가 필요하다. 스스로의 한계치를 알고 자신을 보호할 수 있어야 상대도 2번을 소중하게 여길 것이다.

2번의 스트레스는 주변 모든 사람에게 좋은 사람으로 인정받고 싶다는 바람에서 생기는 경우가 많다. 그러나 그 누구도 세상 모든 사람에게 사랑받을 수는 없다. 주변에 열 명의 사람이 있다면 그 중 두 명은 당신을 좋아하고, 한 명은 반드시 당신을 싫어하며, 나머지 일곱 명은 당신에게 관심이 없다는 말이 있다. 나에게 관심조차 없는 일곱 명이나 나를 싫어하는 한 명이 있다고 해서 내가 사랑받을 가치가 없는 사람은 아니다.

그렇다면 중요한 것은 나를 좋아하는 두 명에게 관심을 집중하는 것이다. 2번 유형은 사람들에 대한 관심을 적절히 조절할 필요가 있다. 너무 과도하게 관심을 갖거나 상대가 <u>스스로</u> 해볼 기회도 주지 않고 도움을 준다면 상대는 자립할 수 없게 된다. 상대에 대한 관심과 사랑이 과도해지면 때로는 상대에게 부담이 될 수 있다는 점을 기억해야 한다. 관계에는 적절한 거리가 필요하다는 사실을 잊지 말자.

당신 주변에 2번 유형이 있다면

따뜻한 관계를 갈구하는 2번에게는 '항상 당신에게 관심을 갖고 있다'는 사실을 알려주는 것이 좋은 관계를 맺는 지름길이다. 2번이 따뜻한 관심을 받고 있다고 느낀다면 아마도 최선을 다해 도우려고 할 것이다. 이때 이들의 호의를 감사하게 받아들이고, 구체적으로 감사의 표현을 해주면 좋다. 1번, 8번이나 5번 유형은 사소한 일에 감사를 표현하는 것이 매우 어려운 일일 것이다. 그러나 2번과 잘 지내기 위해서는 조금은 세심해질 필요가 있다. 이들이 원하는 것은 감사의 '표현'이라는 점을 잊지 말자.

2번은 부드러운 말투와 온화한 표정으로 상대를 대하기에 상대가 자신에게도 그렇게 대해주기를 바란다. 그래서 다소 딱딱한 표정의 1번, 8번, 5번과 지내는 것을 어려워할 수도 있다. 2번을 비판해야 할 때조차도 강한 어조보다는 부드러운 말투가 훨씬 효과가 크다는 점을 기억하자.

만약 당신에게 힘든 일이 있다면 2번을 찾아가 털어놓을 것을 추천한다. 이때 2번 유형은 '이 사람에게 나는 꼭 필요한 사람'이라고 느끼며 도움을 줄 수 있는 기회라고 여겨 매우 기뻐하며 상담해줄 것이다.

제3장
——

3번 유형 성취자 – 파에톤
성공에 모든 것을 걸겠어

3번 유형인 파에톤을
죽음으로 몰고간 것은?

——————————— 파에톤은 태양신 헬리오스의 아들로 태어났다. 하루는 친구와 가족 이야기를 하게 되었는데, 파에톤은 자신의 아버지가 태양신 헬리오스라고 말했다. 그러자 친구는 비웃으며 파에톤을 놀렸다. 자존심에 큰 상처를 입은 파에톤은 아버지를 찾아가게 해달라고 어머니 클리메네에게 말했다. 결국 파에톤은 아버지를 찾아가 자신이 아들임을 밝혔고, 헬리오스는 기쁜 마음에 소원 하나를 들어주겠다고 말했다.

파에톤은 소원으로 헬리오스가 모는 태양마차를 몰게 해달라고 했다. 태양마차는 천마天馬가 이끄는 마차로 조종하기가 매우 힘들어 태양신 헬리오스만이 몰 수 있었다. 헬리오스는 처음에는 주저하며 아들을 말렸지만 아들이 간절히 원하는 모습을 보고 아들에게 마차를 내주면서 너무 높지도 않고 너무 낮지도 않게 하늘의 중간으로만 몰고 가라고 신신당부했다.

파에톤은 들뜬 마음에 당당하게 태양마차를 몰며 하늘을 향해 날아올랐다. 그러나 마차를 조종하기가 힘들었던 파에톤은 너무 높게 하늘을 날았다. 그러자 온 세상이 추위에 휩싸이게 되었다. 그래서 이번에는 대지에 가깝게 마차를 몰았다. 그러자 대지는 너무 뜨거워졌다. 이로 인해 아프리카는 사막이 되었고 에티오피아 사람들의 피부는 까맣게 타버렸다고 한다. 모든 강물과 바다마저 말라버릴 지경이 되자 더 이상 내버려둘 수 없다고 판단한 제우스가 파에톤의 마차에 벼락을 던졌다. 결국 파에톤은 제우스의 벼락을 맞고 마차에서 떨어져 죽었다.

사람들은 누구나 성공을 원하고 성공한 사람들을 바라보지만, 성공을 위해 그가 노력한 고통의 시간은 보지 못한다. 파에톤도 마찬가지였다. 아버지가 태양마차를 몰기 위해 어떤 노력을 하는지를 알고자 하기보다는 태양마차의 휘황찬란함에 마음을 빼앗겼다. 지상의 인간들이 태양마차를 끌며 세상의 시계를 돌리는 태양신의 위대함에 머리를 조아린다는 것을 파에톤은 잘 알고 있었던 것이다.

파에톤의 추락
요제프 하인츠 | 1595년 | 라이프치히 조형예술박물관 소장

파에톤은 자신의 존재 가치를 태양마차를 모는 것으로 모두에게 증명하려고 했다.

파에톤의 인정욕구는 결국 그를 파국으로 이끌었다. 파에톤은 어린 나이에 능력 밖의 것을 원했다. 물론 인생에서 도전은 중요하다. 도전이 있어야 성공도 할 수 있는 법이다. 무모하다고 생각하는 도전을 통해 인생의 성취를 맛보는 사람도 많이 있다.

그러나 성공한 사람들을 자세히 들여다보면, 그들은 무모한 도전을 한 것이 아니다. 수많은 고통과 인내의 시간이 밑바탕에 깔려 있고 그 경험을 바탕으로 도전하고 성공에 이른 것이다.

성공이 모든 것을
보상해줄 거라고 믿는다

파에톤은 에니어그램 3번의 모습을 보여준다. 3번 유형은 이 세상에 성공을 위해 온 사람들이다. 성공을 위해서라면 무슨 일이든 하려고 한다. 이들은 불에 타 죽더라도 불을 향해 뛰어드는 불나방처럼 성공을 향해 돌진한다.

3번 유형은 감정을 중요시하는 가슴형의 사람이다. 그러나 이들은 감정을 잘 드러내지 않는다. 감정에 치우치면 성공하는 데 도움이 되지 않기 때문이다. 물론 자신이 성공하고자 하는 분야가 감정을 잘 활용해야 하는 곳이라면 3번 유형에게는 최상의 조건이 된다. 자신의 강점을 최대한 발휘할 수 있기 때문이다.

일반적으로 감정은 본능의 영역에 가깝다. 만약 본능의 욕구만 따르다 보면, 사회에서 말하는 성공은 요원한 것이 되고 만다. 예를 들면, "일찍 일어나는 새가 먹이를 잡는다"라는 속담처럼 사회에서 성공하고자 한다면 잠이라는 욕구를 떨쳐버리고 일찍 일어나 부지런하게 하루를 일찍 시작해야 한다. 우리 몸은 사실 부지런함보다는 편안함을 좋아하고, 고통스러운 것보다는 즐거운 것을 좋아한다. 자기계발을 위해 저녁시간 공부를 하는 것보다는 친구들과 술 한 잔을 기울이는 것이 더 즐겁다. 그러나 이렇게 본능적인 욕구를 쫓다 보면 성공인이 되기는 어렵다.

또한 성공하려고 노력하다 보면 타인을 고통스럽게 만들기도 한다. 타인의 감정에 일일이 신경 쓰면 내 일에 소홀해질 수 있어 성공은 멀어지게 된다.

그래서 성취와 성공을 통해 자신의 존재 가치를 드러내기를 원하는 3번 유형은 감정에 매달리는 것은 성공에 절대 유리하지 않다고 여긴다.

《모든 것은 자세에 달려 있다(Attitude is everything)》라는 책을 읽다 보면 저자 제프 컬러는 전형적인 3번 유형으로 보인다. 저자는 책에서 "긍정적인 자세가 사람을 성공으로 이끈다"고 주장한다. 아울러 "자세가 세상을 바라보는 창"이라고 말하며, 이 창을 깨끗이 닦아야 우리가 원하는 것을 성취할 수 있다고 강조한다. 즉, 주위의 부정적인 자극에 대한 반응으로 나타나는 감정이나 인간관계에서 오는 감정에 얽매이게 되면 성공에 이를 수 없기에 실패해도 좌절하거나 흔들리지 말고, 아무 일도 없는 듯이 털어내고 목표를 향해 나아가라는 의미다. 이는 3번 유형의 대표적인 특징이다.

이렇듯 3번 유형은 성공에 방해가 되는 것이라면 무엇이든 지워버리는 사람들이다. 특히 감정을 지우는 달인들이다. 주변 사람들의 비판, 부정적인 평가 등을 받게 되면 사람들은 부정적인 감정에 휩싸이고 절망감을 느낀다. 이것을 떨쳐내기란 결코 쉽지 않다. 그러나 3번은 "그런 것들은 유리창의 먼지라 여기고 모두 닦아내라!"고 말한다.

피겨 여제 김연아 선수는 대표적인 3번 유형이다. 초창기 오서 코치가 김연아 선수를 평가하는 인터뷰를 본 적이 있다. 피겨스케이팅 선수들은 대부분 나이가 어린 선수들이어서 경기 초반에 실수를 하게 되면 그 실수에 매달려 정신적으로 무너져 좋은 점수를 받을 수 없게 된다고 한다. 오서 코치는 김연아 선수의 경우는 다른 선수들과 다르게 초반에 실수를 해도 마치 아무 일도 없던 것처럼 떨쳐버리고 경기를 훌륭하게 마무리하는 능력을 갖고 있다고 말하며 정신력이 매우 강하다고 평가했다. 김연아 선수는 감정에 휘둘리지 않는 3번의 모습을 보인다.

파에톤의 아버지 헬리오스도 3번 유형에 속한다. 그는 파에톤이 자신의 아들임에도 한 번도 아들을 찾지 않을 만큼 무심한 아버지였다. 하루도 빠짐없이 태양마차를 몰면서 인간들과 신들에게 추앙받고 존경받는 존재였지만, 자식에게 자상하거나 자애로운 아버지의 모습을 보여주지 않았다. 그는 일에만 매달리는 전형적인 워커홀릭이라 할 수 있다.

우리나라가 경제적으로 빈곤했던 시절, 우리나라의 부모들은 헬리오스와 같은 모습을 자식들에게 보였다. 열심히 일해서 많은 돈을 벌어 가르치고 물질적으로 풍족하게 해주면 그것이 최고의 부모이자 자식에 대한 의무를 다하는 것이라고 생각했다. 헬리오스도 아들이 자신을 찾아왔을 때 그동안 아버지 역할을 하지 못한 것에 대한 미안함이 있었을 것이다. 그는 그에 대한 보상으로 죽을 수도 있지만 성공의 상징인 태양마차를 모는 자격을 아들에게 주었다. 그간 일에 매달려 자식과의 관계가 소원했던 것에 대한 미안함을 보상하려는 마음이 앞선 것이다.

이것이 바로 3번 유형의 모습이다. '사랑! 그런 것은 성공하고 나서 모두 보상해줄 수 있어!' 라고 자신을 합리화하며 더욱 성공에 매진한다.

타고난 성공에 대한 감각으로 성공법을 알려주는 멘토 역할을 한다

성공하기 위해 이 세상에 태어난 3번 유형은 누군가에게 배우지 않아도 어떻게 해야 성공하는지를 본능적으로 알고 있다. 이러한 타고난 능력으로 많은 3번이 성공의 자리에 도달한다. 성공한 3번 중 건강하고 성숙한 이들은 많은 사람에게 어떻게 하면 자신들처럼 성공할 수 있는지 이끌어주는 멘토의 역할을 하기도 한다. 이들은 성공에는 법칙이 있다고 주장하며 책과 강연을 통해서 자신들의 성공법칙을 널리 세상에 알린다.

나는 이들이 강조하는 여러 성공법칙들 중 가장 3번다운 법칙이 이미지 트레이닝이라고 생각한다. 이미지 트레이닝이란 무엇인가를 이루어냈을 때를 시각화해서 그것을 수시로 떠올림으로써 성공을 가속화하는 방법이다. 2008년 베이징 올림픽 역도 경기에서 세계신기록을 수립하며 금메달을 획득한 장미란 선수는 금메달을 목에 건 모습을 매일 머릿속에 이미지를 그리는 훈련을 했다고 한다. 또한 돈을 많이 벌고 싶다면 돈이 담긴 사진이나 그림을 벽에 붙여놓거나, 핸드폰 바탕화면에 저장해놓고 매일 그것을 생각하라고 한다.

이들은 모든 생각을 성공이라는 목표에 정렬하고, 그것을 매일 머릿속에서 그려보라고 강조한다.

이렇듯 3번은 성공에 이르는 방법을 잘 알고 있다. 또한 누가 성공의 요소를 갖추었는지 파악하는 능력도 뛰어나다. 게다가 자신들의 실전 경험을 통해 성공에 도달하는 길을 꿰뚫고 있기에 많은 사람을 성공에 이르게 하는 멘토 역할이 가능하다. 건강하고 성숙한 3번은 많은 사람으로 하여금 펼치지 못한 내면의 잠재력을 끌어내도록 이끌어준다. 이로써 다른 사람들로부터 각광을 받고 더 큰 성공을 거둔다.

타인의 욕망은
곧 나의 욕망

──────── 큰 성공을 이룬 3번 유형은 다른 사람들에게 동기를 부여하고, 성공의 길로 안내하는 북극성과 같은 존재다. 그렇다면 가슴형인 3번 유형에게 성공은 어떤 모습일까?

사람들과의 관계를 중시하는 3번 유형에게 성공이란 내가 원하는 것을 이루는 것이 아니라 가족이나 자신이 속한 사회에서 성공이라고 평가되는 것을 성취하는 것이다.

우리나라는 물질이 중요한 척도가 되고 성공으로 정의되기에 3번이 성취해야 하는 것은 바로 좋은 직업과 큰 부(富)다. 만약 종교생활을 열심히 하는 부모를 둔 3번 아이라면 자신의 꿈이 성직자가 되는 것일 수 있다. 또한 우리나라는 학교를 다니는 동안 성적으로 순위를 매기고 학벌을 중시하기에 3번 유형은 학창시절에 공부를 게을리하지 않는다. 우리나라의 사회적 분위기에서 학업을 게을리하면 낙오자로 취급받을 수 있기 때문이다.

3번 유형이 제일 두려워하는 것은 가치 없는 사람으로 취급당하는 것이다. 3번 유형은 자신이 속해 있는 집단에서 구성원들이 인정하고 추구하며 갈망하는 것을 자신의 것으로 만드는 능력을 갖고 있다. 이들은 자신의 능력에 대한 확신과 자신감이 충만하다.

프랑스의 철학자이자 정신분석학자인 자크 라캉은 "인간은 타인의 욕망을 욕망한다"라고 말했다. 우리가 자신이 원하는 것이라고 생각하는 것들 대부분이 타인이 욕망하는 것이라는 의미다.

라캉의 말은 매우 예리하다. 생각해보면 태어나면서부터 공부를 잘하고 싶었던 사람은 없을 것이다. 또한 태어나면서부터 돈을 많이 벌고 싶어 하는 사람은 없을 것이다. 우리는 자라면서 공부를 잘하면 부모님이 기뻐하고 선생님이 칭찬해준다는 사실을 알게 된다. 그리고 돈을 많이 벌면 사회적으로 인정받는다는 사실도 습득하게 된다. 그러면서 점차 내가 속해 있는 가정, 학교, 회사, 조직에서 가치 있다고 인정받는 것을 나도 원하게 된다.

3번 유형은 명품을 좋아하는 경향이 있다. 우리가 흔히 명품이라고 말하는 브랜드는 처음부터 명품이 아니었다. 많은 사람이 갖고 싶어 하는 욕망이 작용하면서 시장의 원리에 따라 값비싼 명품이 되었다. 3번 유형은 사람들이 명품이라고 여기면 그것을 지녀야 한다고 생각한다. 명품을 갖고 다님으로써 사람들이 자신을 성공한 사람으로 인정해줄 거라 생각하기 때문이다.

3번 유형은 데이트를 할 때도 아무 곳이나 가고 싶어 하지 않는다. 친구들에게 데이트 장소로 어디를 다녀왔다고 말할 때 친구들이 부러워할 만한 유명 레스토랑이나 멋진 장소를 원한다. 남들이 부러워하고 가고 싶어 하는 곳을 다녀온 자신은 가치 있고 성공한 사람이라는 쾌감을 느끼기 때문이다. 그래서 3번은 타인의 욕망을 곧 자신의 욕망으로 착각하고 사는 경우가 많다.

이들은 어린 시절부터 자신을 더 가치 있게 만들어줄 수 있는 것을 성취하기 위해 온통 신경을 쓰기 때문에 자신이 누구이며,

무엇을 원하고 있는지 자신의 진정한 감정이나 내면을 들여다보지 못하는 우를 범하게 된다.

모든 일에서 주인공이 되고 싶어 한다

──────────── 사회적으로 성공한 사람들을 떠올려보자. 이들에게서 공통적으로 발견할 수 있는 점은 철저한 자기관리다. 성공을 위해 자신의 삶을 목표에 맞게 정리하고 그에 맞게 실천한다. 따라서 게으름을 피우는 것은 3번에겐 허락되지 않는 일이다. 이들은 자신이 속한 곳에서 누구보다 부지런하고 성실하게 일한다.

3번 유형의 부지런하고 성실한 모습은 1번 유형과 비슷하다. 그러나 3번 유형은 단지 성실하고 부지런한 것에 만족하지 않는다. 1번 유형은 자신이 판단하기에 후회 없이 과정을 하나하나 성실하게 실천했다고 생각하면 결과가 좋지 않아도 연연하지 않는다. 자신이 최선을 다한 것에 만족한다. 이에 비해 3번 유형은 타인이 인정할 만한 결과물을 얻어야 비로소 만족한다.

이처럼 각 유형의 겉으로 보이는 행동은 같아도 내면의 욕구는 각기 다르다.

3번 유형은 열심히 하는 것보다는 최상의 결과를 도출해내는 것을 더 중요시한다. 그래서 3번 유형이 과정을 차근차근 밟아나가는 1번 유형과 같이 일을 하면 답답해하며 마찰을 빚을 수 있다. 3번은 일을 할 때 머릿속으로 '무엇을 할 것인가? 그것을 어떻게 할 것인가? 다른 대안은 없는가' 라는 구상을 한다. 그러다 보니 효율성을 따졌을 때 필요 없는 과정은 생략하기도 한다. 중요하면서 우선적으로 해야 할 일에 먼저 시간을 할애하고 낭비되는 시간을 최대한 줄이는 전략을 짠다. 3번에게 시간은 금과도 같기에 이들은 시간관리의 달인들이다. 그래서 이들은 늘 무엇인가를 하고 있다. 게다가 열정적이고 전략적으로 한다. 그 결과 다른 사람들보다 최상의 결과물을 신속하게 만들어내고, 유능한 사람으로 인정받는다.

3번 유형은 기본적으로 사람들이 자신을 어떻게 평가하는지에 대해 굉장히 민감하다. 그래서 늘 타인과 자신을 비교하고, 특히 같은 분야의 사람에게는 엄청난 경쟁의식을 갖는다. 이러한 경쟁의식은 성과를 내야 하는 분야에만 국한되지 않고 일상생활의 모든 분야에서 드러난다.

예를 들어 3번이 취미로 에어로빅이나 댄스를 배우려고 학원에 다니게 되면 경쟁의식에 사로잡혀 자신보다 먼저 배운 사람들이 잘하는 것은 당연함에도 그 사실을 용납하지 못하고 취미로 시작한 일에 목숨을 건다. 다른 사람들의 인정과 부러움을 받고 싶어 하기 때문이다.

우리는 살면서 많은 일을 해야 한다. 그런데 그것이 취미이든, 직업이든 자신이 하는 모든 일에서 남들보다 잘하고 두각을 나타내야 한다는 강박감에 시달린다면 어떨까? 그러나 3번 유형은 자신이 없으면 세상이 제대로 돌아가지 않는 것처럼 많은 일을 감당하려 든다. 휴일에도 집에서 쉬지 않고 회사에 나가서 일을 한다. 일중독은 많은 3번 유형에게서 볼 수 있는 증상이다.

인정과 성공에 대한 욕망이
부정적인 결과를 불러오기도 한다

─────────── 인생을 살면서 누구나 노력한 만큼 성취할 수 있다면 실패로 인한 좌절로 고통 받지 않을 것이다. 그러나 세상 모든 이가 일등이 될 수는 없다. 성공한 사람이 있다면 실패한 사람도 있기 마련이다. 이런 진리를 3번 유형은 쉽게 받아들이지 못한다. 그럼, 수용하지 못하면 어떻게 할까? 이들은 항상 "다른 대안은 없는가?"라고 고민하며 방법을 찾아본다.

이들은 성공할 수 없다면 성공한 사람처럼, 능력 있는 사람처럼 보이게 해서라도 타인의 관심과 인정을 받는 길을 택한다. 이런 선택을 하게 되는 이유는 자신이 능력이 없다고 평가받는 것은 곧 자신의 존재 가치를 잃어버리는 것이라 생각하기 때문이다.

성공에 대한 열망과 열정은 하늘을 찌르는데 실제로 자신이 갖고 있는 실력이나 처한 환경이 그러한 열정에 미치지 못할 경우, 이들은 타인을 속이기 시작한다. 더욱이 타인을 속이는 것에 대해 어떠한 죄의식도 갖지 않는다. 그렇게 남들을 속이다 보면, 거짓은 꼬리에 꼬리를 물게 되고 결국에는 자신의 모습이 거짓이라고 느끼지 못하는 단계에 이른다. 그리고 그것이 본래 자신의 모습인 것처럼 행세를 한다.

파에톤이 자신은 태양마차를 끌 능력이 되지 못하는데도 자신이 마차를 충분히 끌 수 있다고 여기는 것과 마찬가지다.

2007년 세상을 떠들썩하게 했던 사건이 있다. '신정아 사건'이다. 신정아는 예일 대학교를 나오지 않았음에도 학위를 위조하고 정치권 인사와 연인 관계를 맺으며 그의 권력을 이용해 대학교수직을 얻고 광주비엔날레 공동감독 자리를 얻는 등 출세가도를 달렸다. 또한 올바르지 않은 수단으로 자금을 확보하고 빚이 있음에도 사치스런 생활을 했다. 이 사건 이후로 학위 검증 바람이 불면서 그간 학력을 속인 유명인들의 학력 위조가 대대적으로 적발되기도 했다.

학위를 위조해서라도 출세하고 싶은 욕망, 능력이 미치지 못한다면 허위 사실을 꾸며내서라도 그 자리에 오르려는 욕망은 건강하지 못한 3번의 모습이다. 거짓으로 자신을 위장하면서도 이들은 거짓된 모습을 어느 순간 자신의 진짜 모습으로 착각하게 된다.

1번 유형의 경우는 이런 거짓말을 했을 때 내면에서 자아비판의 목소리가 계속해서 들리기에 자신의 그런 모습에서 자괴감을 갖게 된다. 그러나 건강하지 못한 3번은 자아비판이 아니라 자기합리화를 계속하며 또 다른 거짓들을 만들어낸다. 어떻게 해서라도 성공해야 하기에 꾸며낸 자신의 모습이 진실인 것처럼 스스로를 속이고, 타인을 기만한다.

그리고 자신의 능력이 모자라는 경우, 타인의 능력을 자신의 것으로 포장하는 속임수를 사용하기도 한다. 그러한 행동에 대해 죄의식을 느끼지 못하는 이유는 성공을 위해서 지불해야 하는 당연한 대가라 여기기 때문이다. 이러한 상태의 3번들을 직장이나 드라마에서 어렵지 않게 보게 된다.

직장 내에서 상사에게 인정받기 위해 동료의 아이디어를 마치 자신의 아이디어인 것처럼 속이는 모습이 대표적인 사례다. 기획안을 작성할 때 동료에게 친근하게 다가가 어떻게 기획안을 작성하고 있는지 은근슬쩍 물어보거나, 이것이 여의치 않으면 동료의 기획안 내용을 어떤 수단을 동원해서라도 입수한다. 이런 식으로 입수한 동료의 아이디어를 기초로 다른 아이디어를 추가하는 등의 방법으로 상사들이 보기에 더 좋다고 할 만한 작품을 만들어 제출하고 마치 그것이 자신의 독창적인 작품인 것처럼 이야기한다.

자신이 타인들에게 선망의 대상이 되어야 하는데 그 자리를 다른 사람이 차지하고 있을 경우, 건강하지 못한 3번은 타인을 깎아내리거나 상대를 밀어내는 권모술수를 쓰기도 한다. 예를 들어 3번 유형의 팀장이 이끌고 있는 부서에 자신보다 능력이 출중해 회사 경영진에게 인정을 받는 부하직원이 있을 경우, 성숙하지 못한 3번 팀장은 이 부하직원을 그냥 두고 보지 않는다. 만약 실력으로 누를 수 없으면 직급으로 부하직원을 억압하고 괴롭힌다. 부하직원이 상사의 권위에 짓눌려 자신의 능력을 발휘할 기회를 박

탈당하게 되면 팀장은 거기서 멈출 것이다.

그러나 부하직원이 1번 유형이라면 결코 그냥 당하고 있지만은 않으려 할 것이다. 이렇게 되면 3번 팀장은 투서를 넣거나 음모를 꾸미며 그 직원을 팀에서 제거하려 한다. 이런 상황이 된다면, 팀의 분위기는 험악해지고 성과는 당연히 떨어질 수밖에 없다.

그렇다면 이런 상황에서 1번 부하직원은 이 점을 기억해야 한다. 사회생활에서, 특히 큰 조직에 있는 경우라면, 내가 통제하고 해결할 수 없는 부분이 있음을 인지해야 한다. 더욱이 상사는 내 맘대로 할 수 있는 위치가 아니다. 자신의 정신적인 건강을 위해서 그리고 팀을 위해서 부하직원인 자신이 조금은 인내하고 감내해야 하는 부분이 있음을 인정해야 한다.

그러나 대부분의 1번들은 자신들이 갖고 있는 정의로움, 강직함에 매몰되어 상황에 직접적으로 뛰어들어 자신의 입지를 더욱 어렵게 만드는 경우를 흔히 볼 수 있다.

그래서 1번 유형의 직원은 다음과 같은 사실을 되새길 필요가 있다. 내가 고칠 수 있는 부분을 고칠 수 있는 용기와 고칠 수 없는 부분을 구분하는 지혜가 필요함을 기억하자. 무조건 옳고 그름을 따지는 행동은 더 큰 화를 부를 수 있다. 분노가 치밀어오르는 상황이라면, 한 박자 멈추고 내가 행동해야 할 상황인지, 아니면 물러서야 할 상황인지 냉철하게 판단해야 한다. "창랑의 물이 맑거든 갓끈을 씻고, 창랑의 물이 흐리거든 발을 씻는다"라는 말을 마음속에 새겨두자.

드라마나 영화, 소설 등에서 주인공과 대척점에 있는 인물은 대부분 건강하지 못한 3번의 모습으로 그려진다. 주인공이 온갖 시련을 겪고 해피엔딩으로 끝나게 되는 대부분의 드라마에서 주인공에게 고통과 시련을 주는 인물은 성숙하지 못한 3번인 경우가 많다. 타인의 관심을 받고 싶어 하는 3번은 사람들의 사랑과 관심을 받는 주인공을 질투하고 그가 갖고 있는 지위나 사람 등을 빼앗는 역할로 그려진다.

가정에서 아이가 3번 유형이라면 부모는 이 점에 유의해서 교육을 해야 한다. 자라나는 아이들에게 엄마의 긍정적인 칭찬은 정서적인 자양분이 된다. 특히 3번 유형의 아이는 긍정적인 관심과 칭찬에 굉장히 민감한 편이다. 당신의 아이가 부모나 선생님의 칭찬에 유난히 민감하게 반응하는 아이라면, 타고난 성향이 성취지향적인지 잘 살펴보아야 한다. 3번 유형의 아이라면 민감하게 다른 사람의 표정을 읽고, 눈치를 살피는 사회성이 뛰어나고 재능을 갖춘 아이일 가능성이 높다. 이러한 능력을 부정적으로 사용하지 않는 건강한 3번으로 성장할 수 있도록 부모가 잘 지도해주어야 한다.

우리가 일상에서 마주하는 3번 유형은 대부분 평균이거나 평균 이하의 성숙도를 갖고 있는 사람들이다. 그러다 보니 건강하지 못한 모습을 많이 볼 수밖에 없다. 건강한 3번은 다른 사람들에게 동기부여를 하고 목표를 달성하는 데 큰 도움을 준다. 그러나 건강하지 못할 경우에는 속임수나 권모술수에 능한 모습을 보인다. 영혼을 팔아서라도 성공하고 싶어 할 정도로 성공에 강하게 집착하는 특성이 있기 때문이다.

3번 유형은 타인들로부터 관심과 인정을 받는 가치 있는 존재가 되고자 하는 내면의 욕망 때문에 아이러니하게도 사람들로부터 비난과 외면의 대상이 되기도 한다. 이 점을 3번 유형은 명심할 필요가 있다.

변신과 적응의
귀재

3번 유형은 감정에너지를 사용하기 때문에 기본적으로 타인의 감정을 잘 읽고 사람들에게 호의적인 태도를 보인다. 즉, 사람관리를 잘한다. 3번은 시간관리, 자기관리, 사람관리에 능수능란하다.

사람관리를 잘한다는 것은 두 가지 능력이 있음을 의미한다. 첫째는 다른 사람들에게 자신이 매력적인 인물로 보이게 하는 능력을 갖추고 있어서 사람들을 자기편으로 끌어들이는 능력이라 할 수 있다. 둘째는 자신이 어떠한 생각을 갖고 있든 자신이 만나는 상대에게 자신의 생각이나 가치관을 강요하고 고수하는 것이 아니라, 타인에게 자신을 잘 맞추고 타인의 마음을 얻어내는 능력이 있음을 의미한다. 이러한 능력은 외적인 변신뿐 아니라, 내적으로도 변신의 달인임을 의미한다.

외적으로 매력 있는 사람으로 자신을 포장하는 3번 유형은 겉으로 보이는 이미지를 매우 중요시한다. 사회적으로 성공한 사람들의 이미지를 떠올려보자. 날씬한 몸매, 화려한 말솜씨, 뛰어난 패션 감각, 전문가다운 매너, 확신에 찬 말투, 당당한 몸가짐 등의 모습이 떠오를 것이다. 외적 이미지도 다른 사람들보다 더 낫다는 평가를 받아야 한다고 생각하기에 이들은 언제나 깔끔한 이미지를 연출한다.

또한 자신의 외모를 상황에 맞게 철저하게 연출한다. 사무실에 출근할 때는 완벽한 정장차림을 하고, 등산을 갈 때는 산악인의 복장을 연출하며, 파티나 노는 자리에서는 화려하고 자유로운 차림으로 나타난다. 마치 카멜레온처럼 본인이 처한 상황에 완벽하게 부합한다.

3번 유형이 내적으로 변신의 달인이라고 말하는 이유는 이들은 상대가 누구이든지 자신의 기준이나 생각을 드러내지 않으면서 상대에게 잘 맞춰준다. 우리는 이런 사람을 보면 처세술이 뛰어나다고 표현한다. 그리스 신화에 등장하는 오디세우스는 타고난 처세의 달인의 모습을 상징한다. 바로 3번의 모습이다.

트로이 목마를 이용해 트로이 전쟁을 승리로 이끈 전략가인 오디세우스는 〈오디세이〉라는 서사시의 주인공이자 20년에 걸쳐 많은 사람과 괴물을 상대하고 마침내 고향으로 돌아가는 영웅이다. 마이클 J. 골드버그는 그의 저서 《오디세우스처럼 돌파하라》에서 오디세우스는 고향으로 돌아가는 과정에서 그가 만나는 각각의 상대를 전략적으로 응수하고 있다고 말한다. 예를 들어 외눈박이 괴물 키클롭스에게는 자존심을 내세우지 않고 자신은 "아무것도 아니다"라고 말하며 정면승부가 아닌 거대한 힘을 가진 상대의 힘을 이용했다. 그 결과 강력한 적 키클롭스를 무너뜨린다.

신화 속의 이야기에서처럼 현실세계에서도 거대한 힘을 가진 존재에게 대항하는 자세로, 또는 같은 힘으로 제압하려고 정면승부를 한다면 문제는 해결되는 것이 아니라 더 복잡해지는 경우가 많다. 골드버그는 《오디세우스처럼 돌파하라》에서 트로이 전쟁을 승리로 이끈 영웅임을 전략적으로 숨기고 상대를 무너뜨린 오디세우스의 현명함을 보여주며 다음과 같이 말한다.

거추장스러운 가치관을 그것이 맞지도 않는 곳까지 질질 끌고 다니면서 고생할 필요가 없다. 인생에서 겪는 괴로움 중 상당 부분은 우리가 한 곳에서 배우고 익숙해진 관습과 법칙을 다른 곳에 가서 억지로 끼워 맞추려고 하기 때문에 겪는 것이다.

인생의 여정에서 누구를 만나더라도 자신의 목표 달성을 위해 전략적으로 사고하는 유연성은 3번의 타고난 대표적인 모습이다. 신화에 등장하는 키클롭스는 장중심의 사람들을 상징하고 있다. 현실의 키클롭스(자신이 강하다고 느끼는 사람들)를 대할 때 오디세우스처럼 자신을 감추고, 상대에게 맞는 전략을 구사하는 능력은 3번 유형의 최대 장점이다.

우리가 복잡하게 얽혀 있는 사회생활에서 성공을 하고자 한다

폴리페모스 동굴 속의 오디세우스
야콥 요르단스 | 1630년경 | 푸시킨 미술관 소장

면, 외적인 그리고 내적인 변신능력이 있어야 한다. 내 주장만 고집한다면 결국 성공과는 거리가 멀어지게 된다. 성공적인 사회생활을 위해서는 내가 만나는 상황과 사람에게 자신을 맞추는 처세가 필요하다. 3번 유형은 그런 면에서 성공을 위해 이 세상에 던져진 사람들이다.

만약 1번과 3번 유형의 부하직원이 함께 있는 부서의 팀장이라면, 이 두 사람의 성향을 제대로 파악할 필요가 있다. 그렇지 않을 경우 두 부하 사이의 미묘한 갈등으로 인해 곤란을 겪을 가능성이 있다. 물론 1번과 3번 둘 모두 성실함과 일의 수행능력에 있어서는 신뢰할 만한 사람들이다. 그러나 3번에게는 자신의 결과물을 그럴싸하게 포장하는 능력이 있다. 더욱이 커뮤니케이션 능력도 1번보다 상대적으로 화려하다. 같은 내용으로 프레젠테이션을 하면 장형인 1번은 직설적이고 사실적인 퍼포먼스를 하는 경향이 있는 반면, 3번은 상대의 감성을 자극하는 가슴형의 장점을 최대한 발휘하므로 상사의 마음을 사로잡는다. 하나를 하고도 마치 열 개를 한 것처럼 자신의 결과물을 멋지게 포장하는 3번의 능력을 1번은 잘 쫓아가지 못한다.

상대의 고쳐야 할 점을 잘 파악하고 비판적인 성향의 1번에게 3번의 포장 능력은 비판의 대상이 된다. 하나를 했으면 하나를 했다고 해야 하는데, 과대포장은 1번에게는 허용할 수 없는 일이기 때문이다. 그 결과 이 두 직원은 갈등을 겪게 된다.

팀장이 이러한 팀을 원활하게 이끌기 위해서는 1번의 장점과

3번의 장점을 모두 활용할 수 있는 통찰력이 있어야 갈등 없이 팀의 성과를 이끌어낼 수 있다.

앞으로 달리던 속도를 멈추고 뒤를 돌아볼 때 삶은 한 단계 더 나아갈 수 있다

혜민 스님은 대표적인 3번 유형이다. 그의 스펙이나 활동패턴 등이 다른 성직자들과는 많이 다르다. 3번 유형은 일반적으로 내면에 귀를 기울이기보다 세상의 인기와 성공을 선호하기 때문에 성직에 몸담기가 쉽지 않다. 혜민 스님은 대학교수이자 승려이며 베스트셀러 저자다. 하버드 대학교에서 석사학위를 받았고, 프린스턴 대학교에서 박사학위를 받았으며 미국 유학 중에 승려가 되었다. 또한 사회활동과 저작활동도 활발히 하고 있다. 혜민 스님은 그의 저서 《멈추면, 비로소 보이는 것들》에서 이렇게 말한다.

제가 승려가 된 이유는 이렇게 한 생을 끝없이 분투만 하다 죽음을 맞이하기 싫어서였습니다. 무조건 성공만을 위해서 끝없이 경쟁만 하다가 나중에 죽음을 맞게 되면 얼마나 허탈할까 하는 깨달음 때문이었습니다.

다른 사람들에 의해 만들어진 성공의 잣대에 올라가 다른 사람들에게 비칠 나의 모습을 염려하면서 그들의 기준과 기대치를 만족시키기 위해 왜 그래야하는지도 모르고 평생을 헐떡거리며 살다가 죽음을 맞이하고 싶지 않기 때문입니다.

그 누구에게도 내 인생의 결정권을 주지 마십시오. 내가 내 삶의 주인입니다. 부처님도, 예수님도, 그 어떤 성스런 스승이라도 '나 자신'이 있었기 때문에 그분들의 성스러움도 존재하는 것입니다. 누구보다도 나를 더 사랑하십시오.

성숙한 3번은 타인의 기준에 자신을 맞추지 않는다. 자신이 할 수 있는 것을 충실하게 이루어내면서도 사회가 요구하는 욕망으로 치닫지 않고 자신의 내면을 들여다본다.

혜민 스님의 책을 읽다 보면, 다른 종교인들이 쓴 책보다 쉽게 읽혀지고, 약간은 가벼운 느낌을 받는다. 그래서 혜민 스님은 더 수양을 하셔야 할 것 같다고 말하는 사람들도 있다. 그러나 책을 읽으면서 혜민 스님이 3번 유형이어서 그렇게 쓴 것이라는 생각이 들었다.

요즘 베스트셀러가 되는 책들을 살펴보면 대부분 대중이 쉽게 받아들일 수 있도록 쓴 책들이다. 아무리 좋은 내용을 담고 있더라도 대중이 읽기 어렵고 이해하지 못하면 외면받을 수 있다. 3번은 자신이 목표로 한 것을 이루기 위해 무엇을 해야 할지, 어떻게 해야 할지에 대해 늘 질문을 한다.

3번 유형인 혜민 스님은 자신이 대중에게 말하고 싶은 이야기를 효과적으로 전달하기 위해 대중이 쉽게 읽을 수 있도록 글을 쓴 것이 아닐까 라고 생각한다. 혜민 스님은 저작활동뿐 아니라 SNS도 적극적으로 활용한다. 지금 시대에 대중에게 다가가기 위한 가장 효과적인 방법을 알고 있고 그것을 전략적으로 활용하는 모습이다. 그를 통해 많은 사람이 자신을 돌아보게 되고, 행복의 의미를 되새기게 되었다. 그는 성숙한 3번이 멘토의 역할을 하는 모습을 잘 보여주고 있다.

〈싱글라이더〉라는 영화는 정상에 오르기 위해 가족과 떨어져 앞만 보고 살아온 한 남자의 이야기인데, 3번이 자신의 내면을 보지 않고 살았을 때 진정 소중한 것을 잃을 수 있음을 보여주고 있다.

증권사 지점장인 강재훈은 사회적으로 성공한 40대 남성이다. 억대 연봉에 값비싼 차를 몰고 고급 아파트에 거주하며, 아들의 교육을 위해 아들과 아내는 호주로 보내고 홀로 사는 기러기 아빠다. 그런데 승승장구하던 그에게 갑자기 비극이 닥쳐왔다. 회사가 망하게 되면서 고객과 지인, 친척들이 투자한 돈이 휴지조각이 되어버렸다. 강재훈은 모든 것을 포기하고 아내와 아이가 있는 호주로 날아갔다. 그러나 아내는 외국남자와 사랑에 빠져 자신과의 이혼을 준비하고 있음을 알게 되었다.

하지만 강재훈은 다른 삶을 준비하고 있는 아내의 모습을 그저 몰래 바라만 보고 아내 앞에 모습을 드러내지 않는다. 아내 앞에 나서지 못하는 데는 이유가 있었다. 바로 그가 이 세상 사람이 아니었기 때문이다. 아내를 찾아가기 전 강재훈은 이미 자살을 한 상황이었고, 호주로 건너가 가족들을 바라본 그는 바로 육신이 없는 영혼이었던 것이다. 죽은 이후에 진정 소중한 것이 무엇인지 비로소 깨닫게 되는 강재훈의 처연한 모습은 바쁜 현실에 치여 쉼 없이 달리고 있는 우리 모두에게 많은 생각거리를 던져준다.

영화는 첫 장면에서 고은 시인의 시 〈그 꽃〉을 보여준다.

내려갈 때 보았네
올라올 때 못 본
그 꽃

영화에서 강재훈은 실패의 끝에서 자신의 삶을 돌아보게 된다. 그러나 이미 돌이킬 수 없는 상황으로 치달은 후였다. 사회가 인정하는 성공을 위해 자신을 끊임없이 내모느라 올라갈 때 꽃을 보지 못하는 것은 우리가 현실에서 종종 목격하는 3번의 모습이다. 성공과 돈을 위해 가족도 사랑도 모두 버려두고 정상을 향해 바삐 올라가느라 인생의 진정 아름다운 꽃을 보지 못한다. 그러나 삶이 내리막길이 되면 놓쳐버린 것들에 대한 깊은 후회와 회한만이 남게 된다.

그래서 늦기 전에 자신의 내면을 들여다보고, 현재 내가 하고 있는 일이 무엇을 위한 것인지 그리고 누구를 위한 것인지 스스로에게 질문을 던지고, 자신의 삶을 살피는 과정이 3번에게는 반드시 필요하다. 그래야만 진정 나 자신에게 충실한 6번처럼, 남에게 보여주기 위한 행복이 아닌 나와 나를 둘러싼 사람들과 행복을 공유하는 성숙한 3번이 될 수 있을 것이다.

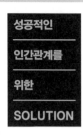

3번 유형이 성공적인 인간관계를 만들려면

3번 유형은 내면의 충실함보다는 효율성을 중요시한다. 그래서 사람들과의 관계에서도 내적으로 친숙한 교류를 갖기보다는 피상적인 관계에 머무르는 경우가 많다. 쉽게 말해, 인간관계도 나의 성공과 목표 달성에 필요한 사람인지 아닌지 구별해서 맺는다. 타인과 감정적으로 얽히게 되면 성공에 지장이 생기기 때문이다. 3번은 주변에 사람이 많아 인간관계를 잘하는 사람처럼 보이지만, 막상 힘들 때 마음을 터놓을 사람은 없다. 누군가와 인간관계를 맺을 때 나에게 이익을 주는 사람만 만난다면 이는 진실되고 성숙한 인간관계라 할 수 없음을 가슴으로 받아들여야 한다. 아울러 타인에게도 나의 진정한 속마음을 드러낼 줄 알아야 한다.

상대와 진실된 인간관계를 맺고자 한다면, 내가 먼저 그들에게 진심으로 대해야 한다. 진실된 마음이 오가지 않는 인간관계가 얼마나 허망한 것인지 잊어서는 안 된다. 삶에서 균형과 조화는 행복한 삶을 위해 절대적으로 필요하다. 성공만을 좇으면 어느 순간 곁에 있던 사람들은 모두 떠나버리고 혼자 남게 될지도 모른다. 성공과 함께 인간의 가치를 존중하는 내면을 갖춘다면, 3번이 그토록 갈구하는 많은 사람에게 인정받는 성공인이 될 것이다.

당신 주변에 3번 유형이 있다면

당신 주변의 3번과 잘 지내고 싶다면 그들이 원하는 것을 주면 된다. 그들이 이뤄 놓은 결과에 대해 아낌없는 찬사를 보내야 한다. 이들은 언제 어디서든 자신이 뛰어난 사람이라는 점을 자랑하고 싶어 하는 사람들이다. 더욱이 자신의 능력을 될 수 있으면 많은 사람에게 알리고 싶어 한다. 이들에게는 최대 다수로부터 성공한 사람임을 인정받고자 하는 욕구가 있다. 따라서 이들의 욕구를 충족시켜준다면 당신은 3번과 가까이 지낼 수 있다. 특히 사람들이 많이 모인 공개장소에서 이들을 칭찬한다면 금상첨화다. 이들에게 칭찬은 양식과도 같다. 매일 보는 사이라 할지라도 매일 칭찬해주는 것을 좋아한다.

"칭찬에도 급수가 있다"는 말이 있다. 최고의 칭찬은 존재 자체를 칭찬하는 것이다. 하급의 칭찬은 소유물을 칭찬하는 것이다. 그러나 3번은 이러한 칭찬도 최고의 칭찬으로 받아들인다. 그들의 외모, 소유하고 있는 물건에 대한 칭찬도 아끼지 말고 해주는 편이 좋다. 3번은 마치 칭찬을 먹고 자라는 아이 같은 면이 있다.

3번의 허세를 자주 보게 된다면, 당신은 눈살을 찌푸릴 수도 있다. 그러나 이들의 허세를 부정적인 눈으로 보기 시작하면 이들과 좋은 관계를 유지하기는 어렵다. 이들의 허세와 과장된 표현, 경쟁의식을 긍정적인 눈으로 바라봐주는 자세가 필요하다. 실제로 이들은 그런 과정을 거쳐 성공을 이루어내는 사람들이므로 그것을 인정해주자.

4번 유형 예술가 – 아프로디테
남들과 다른 특별함은 나의 존재 가치죠

4번 유형인 아프로디테는
왜 아름다움에 집착할까?

━━━━━━━━━ 아르고호 원정대와 헤라클레스의 트로이 원
정대에 참여했던 영웅 펠레우스와 바다의 여신 테티스의 결혼식
에 모든 신이 초대되었다. 다만 축복받아야 할 결혼식이기에 불화
의 여신 에리스는 홀로 초대받지 못했다. 화가 난 에리스는 황금
사과를 들고 결혼식장을 찾아가 던져넣었다. 그 사과에는 '가장
아름다운 여신에게'라고 쓰여 있었다.

자신이 아름답다고 생각하는 헤라, 아테나, 아프로디테 세 여신
은 서로 황금 사과가 자기 것이라며 싸웠다. 불화의 여신 에리스

는 숨어서 이 장면을 지켜보면서 기뻐했다.

싸우던 세 여신들은 결국 제우스에게 달려가 누가 사과의 주인인지 판정해 달라고 했다. 그러나 여자에게 약한 제우스는 매우 난처했다. 한 명을 선택했다가는 선택받지 못한 나머지 두 여신에게 시달릴 것이 분명했기 때문이다. 제우스는 비겁하게도 인간 중 최고의 미남인 파리스에게 결정권을 넘겼다.

세 여신은 파리스에게 각각 달콤한 제안을 했다. 헤라는 부귀, 영화, 권세를 주겠다고 했다. 아테나는 전쟁의 승리와 명예를 제안했다. 아프로디테는 인간 중 가장 아름다운 여인을 주겠다고 약속했다. 과연 파리스는 누구를 선택했을까?

파리스는 결국 아름다운 여인을 제안한 아프로디테의 손을 들어 주었다. 이에 선택받지 못한 두 여신은 복수를 다짐했다.

당시 인간세상에서 가장 아름다운 여인은 스파르타의 왕비 헬레네였다. 파리스가 유부녀 헬레네를 아내로 맞이하자, 왕비를 빼앗긴 스파르타 측에서 파리스의 나라 트로이를 공격했다. 유명한 트로이 전쟁은 이 황금 사과로 인해 일어나게 되었다.

그리스 신화의 황금 사과 에피소드 때문인지 '아름다운 여신' 하면 가장 먼저 떠오르는 신은 바로 아프로디테. 이 아름다운 여신은 자신이 세상에서 최고여야 만족했다. 다른 사람들은 세상 사람들이 부귀와 권력, 혹은 명예와 승리를 원한다고 생각할 때 아프로디테는 아름다운 여인을 제안할 만큼 독특하다. 그 특별함이 헤라의 권력이나 아테나의 지혜를 뛰어넘어 아프로디테를 세

파리스의 심판

페테르 파울 루벤스 | 1639년경 | 프라도 미술관 소장

상에서 가장 아름다운 여신으로 만들었다.

이 세상의 주인공은 독특한 아름다움을 가지고 있는 자신이라고 생각하는 아프로디테와 같은 사람이 에니어그램의 4번 유형이다. 4번 유형의 별명은 '특별한 사람'이다. 이들은 남과 다른 차별성에서 자신의 정체성을 찾고자 한다. 그래서 이들은 정말 남다르다. 패션, 음식 취향, 라이프 스타일, 감성 등 모든 분야에서 남다르다. 예를 들어 모두가 짜장면을 시키면 굴짬뽕을 시키고, 남들이 모두 가정식 백반을 먹을 때 굳이 맛집을 찾아 혼밥을 즐기며, 남들이 모자를 똑바로 쓰면 삐딱하게 써야 만족감을 느낀다.

이들에게는 절대로 포기하지 못하는 자기만의 독특한 스타일이 있다. 미적인 환경을 중시하는 이들은 남들과 같은 환경에서는 일할 수 없다. 사무실에서 이들의 자리는 소품 하나라도 남다르기에 눈에 띈다.

아프로디테의 아름다움으로 상징되는 4번의 독특함은 미모나 지식이 남들보다 뛰어나다기보다는 보통 사람들이 잘 느끼지 못하는 섬세한 감성을 느끼고, 누구도 보지 못하는 아름다움을 발견하며, 남들이 쉽게 알아차리지 못하는 통찰력을 갖고 있음을 의미하는 경우가 많다. 이들은 '너희는 모르는 것들을 나만 느끼고 있어'라고 생각할 때 만족감을 느낀다.

자신과 사랑에 빠져버린
심각한 자기애

━━━━━━━━ 4번 유형은 남들과 다른 자신의 특별함으로 세상의 주인공이 되고 싶어 한다. 이들이 주인공이 되기 위해서는 세상 사람들의 칭찬이 필요하다. 4번 유형은 가슴형이기 때문에 사실 인정의 욕구가 매우 큰 사람들이다. 이들의 인정에 대한 욕구는 자신의 독특함을 사람들이 알아주었으면 하는 자기애에서 비롯된다. 다른 사람들이 보면 왕자병, 공주병처럼 느껴지기도 한다. 만약 어린 시절부터 귀한 존재로 취급받지 못했다면 이들은 성인이 되어서라도 남의 인정과 칭찬을 받아야 만족한다. 마음속 공허함을 남들에게 인정받는 것으로 채우고자 하기 때문이다.

4번 유형은 자기 자신에게 관심이 많다. 남들과 차별화되려면 나의 어떤 점이 상대와 다른지 알아내야 하기 때문이다. 그래서 끊임없이 자신에 대해 탐구한다. 4번의 인생 목표는 '자기 자신이 되는 것'이다. 이들은 남들과 다르지 않으면 자신의 존재 가치가 없어질지도 모른다는 두려움을 갖고 있다. 삶의 의미를 파악하고 깊은 내면을 바라보고자 하는 강렬한 열망이 이들을 움직이는 원동력이다. 그래서 내면을 탐구하는 에니어그램에 가장 관심이 많은 유형이 4번이기도 하다.

모든 관심이 자신에게 맞춰져 있는 평균적인 4번은 자신의 삶과 생각, 감정에 관한 이야기를 많이 하고 남의 이야기는 잘 듣지 않는 경향이 있다.

나에게는 4번 유형의 친구가 있는데, 굉장히 개인적인 이야기를 많이 한다. 그런데 그 이야기가 대부분 자신의 독특함에 관한 것이어서 공감하기 어려울 때가 많다. 예를 들면 이런 식이다.

"나는 어렸을 적부터 좀 남달랐어. 두 살 이전의 기억도 있다니까! 엄마가 어린 나를 놓고 얘는 너무 조숙하다고 했던 게 기억나. 그때 나는 내가 어른이라고 생각했던 거 같아."

듣다 지친 상대가 어렵게 다른 이야기를 꺼내보지만, 어느새 또다시 4번의 개인적인 이야기로 화제가 전환되어 버린다. 심지어 4번이 말을 시작하면 아예 귀에 들리지 않는다고 말하는 사람도 있다. 공감할 수 없는 자기만의 이야기를 많이 하다 보니 상대의 귀가 닫히는 것이다.

이들이 이렇게 자신의 이야기를 많이 하는 이유는 자신의 독특함을 상대에게 인정받고 이해받고 싶기 때문이다. 만약 4번이 상대의 이야기를 듣고 있다면, 건강한 수준으로의 발전을 시작했다고 볼 수 있다.

그리스 신화에 나오는 나르키소스는 극대화된 4번 유형의 모습을 상징한다.

강의 신과 요정 사이의 아들인 미소년 나르키소스는 숲으로 사냥을 나갔다가 친구들을 잃어버렸다. 그가 숲에 누가 없냐고 외치자 끝말을 따라하는 목소리만이 돌아왔다. 그래서 "이리 와서 함께 가자!"고 외치자 또다시 "함께 가자!"는 목소리와 함께 요정이 나타나 나르키소스의 목에 팔을 감았다. 나르키소스는 "손 치워!

너 같은 것에게 안기느니 차라리 죽는 게 낫겠어!"라고 말하며 요정의 손길을 매몰차게 뿌리쳤다. 이에 요정은 새빨개진 얼굴로 도망쳤다.

요정의 이름은 에코였다. 에코는 헤라 여신의 저주로 말을 할 수 없고, 남의 말을 따라서만 하는 숲의 요정이었다. 아름다운 나르키소스에게 한눈에 반했지만 마음을 전할 수 없었던 그녀는 사랑을 거절당한 슬픔으로 인해 동굴에서 여위어가다가 형체도 없어지고, 목소리만 남아 메아리echo가 되었다.

에코의 동료 요정들은 화가 나 복수의 여신을 향해 이렇게 기도했다.

"나르키소스가 사랑의 보답을 받지 못하는 것이 얼마나 고통스러운지 알게 해주세요."

어느 날 사냥에 지친 나르키소스가 맑은 샘을 찾았다. 물을 마시려던 순간, 한 번도 본 적이 없는 아름다운 요정이 물속에 보였다. 넋을 잃고 바라보던 나르키소스는 제 얼굴이 물에 비친 줄도 모르고 사랑에 빠지고 말았다. 그러나 만지려고 손을 대면 아름다운 요정은 사라져 버렸다. 먹지도, 자지도 않고 샘을 떠나지 못하던 그는 자신의 얼굴만 쳐다보다가 마침내 죽고 말았다.

아무리 아름다운 사람이라도 마음에 남을 위한 자리를 내어주지 못하고 자기만을 바라본다면, 곁에 누구도 있을 수 없다. 나르키소스의 이름을 딴 '나르시시즘'이라는 단어는 지독한 자기애를 뜻한다. 사람은 모두 어느 정도의 나르시시즘은 갖고 있다. 그러

나르키소스

미켈란젤로 메리시 다 카라바지오 | 1594~1596년 | 로마 국립고대미술관 소장

나 정도가 심해지면 함께 살아가야 하는 상대를 지치게 하고 떠나가게 할 수 있다.

나르키소스의 닫힌 마음은 에코뿐만 아니라 자신까지 다치게 했다. 자기 자신에게만 빠져 있는 4번 유형이라면 나르키소스처럼 내 안에 다른 사람을 위한 자리를 내어주는 데 어려움을 겪을 수 있다. 사랑은 마음 한 부분에 상대를 허락하는 것에서부터 시작될 수 있다. 그래서 4번은 먼저 마음을 열어야 진정한 사랑을 꽃 피울 수 있다는 점을 명심해야 한다.

현실보다 감정에
충실하다

예민한 감수성을 가진 4번에게는 감정이 매우 중요하다. 이들은 '내 감정이 바로 나'라고 생각한다. 그리고 감정을 느끼기 시작하면 거기에 빠져 끝까지 깊이 느끼고 싶어 한다. 슬픈 기분이 들면 커튼을 닫아 실내를 어둡게 하고 슬픈 음악을 틀고는 슬픈 감정에 깊이 빠져든다. 특히 어두운 감정에 끌리는데, 괴로우면서도 감정에 빠져 예술을 창조하기도 한다. 가수 이소라가 그런 유형이라 볼 수 있다. 이소라는 슬픔, 우울, 공허함 등을 어떤 뮤지션보다도 잘 표현해낸다. 그래서 나는 우울할 때, 우울하고 싶을 때 그녀의 음악을 듣는다. 노래를 부르는 그녀의 감성이 나에게도 전달되어 슬픔의 카타르시스를 느낄 수 있기 때문이다.

그런데 이들은 감성이 예민하다 보니 감정이 자주 바뀌고 감정의 기복이 심하다. 그래서 남들이 보면 변덕스러운 사람으로 보이고, 스스로는 자신이 종잡을 수 없다고 느낀다. 사실 이들은 감정에 충실한 것뿐인데 감정이 시시때때로 바뀌어 주변 사람들을 어리둥절하게 만들기도 한다.

한번은 회의시간이었다. 지루해서 남들의 눈을 피해 옆 직원과 수다를 떨기도 하며 시간을 죽이고 있었다. 그런데 방금 전까지 나와 웃고 떠들던 그 직원이 스마트폰을 보더니 느닷없이 눈물을 뚝뚝 흘리는 것이었다. 페이스북을 보다가 마음을 울리는 구절을 발견했다고 한다. 순간 너무 당황스러웠다. 방금 전까지 웃던 사람이 어떻게 그 짧은 순간 그렇게 깊은 감정에 빠져들 수 있는지 놀라웠다.

이렇게 감정에 빠져드는 4번 유형의 모습을 그리스 신화의 오르페우스에게서 찾아볼 수 있다.

시인이자 음악가인 오르페우스는 뛰어난 리라 연주에 노래까지 잘하는 뮤지션 영웅이었다. 그의 리라 연주는 세이렌의 노랫소리까지도 물리칠 수 있을 정도였다. 바다의 요정 세이렌들의 노래는 너무나 아름다워 지나가는 뱃사람들은 그 노래에 매혹당해 암초에 부딪혀 죽는 일이 빈번했다. 오르페우스는 리라를 연주해 세이렌의 유혹에서 아르고호의 영웅들을 구해내기도 했다.

그러나 뛰어난 음악적 재능에도 불구하고 오르페우스는 비참한 죽음을 맞이한다. 그에게는 사랑하는 아내가 있었는데, 결혼식 며칠 뒤 양치기 한 명이 그의 아내에게 반해 쫓아갔고 놀란 그의 아내는 도망치다가 뱀을 밟아 물려 죽고 말았다.

이때부터 오르페우스에게 비극이 시작된다. 아내를 매우 사랑했던 그는 저승에 가서 죽음의 신 하데스와 담판을 지어 아내를 살려내리라 결심했다. 그러나 하데스는 결코 만만치 않은 상대였다. 하데스의 아내 페르세포네가 오르페우스를 안쓰럽게 여겨 그의 아내를 돌려주었지만, 하데스는 "저승을 나갈 때까지 절대 뒤를 돌아봐서는 안 된다"는 조건을 내걸었다.

오르페우스는 뱀에 물려 절뚝거리는 아내의 손을 잡고 앞서 나가기 시작했다. 뒤돌아보고 싶은 마음을 꾹 참고 거의 저승의 끝에 다다랐을 무렵, 오르페우스는 아내가 잘 따라오고 있는지 너무나 궁금했다. 그가 고개를 돌려 뒤를 확인한 순간, 아내는 다시 저승으로 빨려들어가 버렸다. 오르페우스는 놀라서 하데스에게 다시 간청했지만 하데스는 들은 척도 하지 않았다.

그 후로 오르페우스는 깊은 슬픔의 수렁에 빠져 헤어나지 못했다. 오로지 아내를 그리워하며 리라도 버리고 더 이상 노래도 하지 않았다. 마이나데스라고 불리는 디오니소스를 섬기는 여성 무리가 이제 슬픔은 잊고 함께 즐기자고 제안해도 그에게는 들리지 않았다. 오히려 그녀들에게 화를 내고 모욕적인 말을 퍼부었다. 일상을 완전히 잊어버리고 감정에 매몰되어버린 오르페우스는 결국 광분한 마이나데스에게 사지가 찢겨 죽음을 당하고 시신은 강물에 던져졌다.

사랑하는 사람과 헤어지고 싶지 않다는 간절한 바람은 누구에게나 있다. 그러나 그것은 이루어질 수 없는 소원이다. 누구나 언젠가는 죽음을 맞이하기에 이별은 피할 수 없는 일이다. 문제는 슬픔에 깊이 빠져 일상을 제대로 살지 못할 때 생긴다. 감정을 붙들고 놓지 못하는 오르페우스는 4번 유형의 건강하지 않은 모습을 보여준다.

슬픔의 수렁에 빠진 오르페우스에게 조언자들이 있었다. 하데스는 그에게 "절대 뒤돌아보지 말라"고 충고하고, 마이나데스도 우울함에서 벗어나 일상으로 돌아오라고 제안했다. 그러나 4번 유형의 오르페우스에게 그것은 어려운 일이었다. 4번 유형은 과거에 집착하는 경향이 있다. 과거 자기에게 상처를 주었던 사람들에 대한 감정에서 잘 벗어나지 못한다. 그리고 자기에게 없는 무언가를 갈망하며 살아간다. 그러나 그것을 가질 수 없기 때문에 4번은 우울감에 쉽게 빠질 수 있다.

오르페우스는 뒤돌아보지 말라는 하데스의 말을 들었어야 했다. 또한 조언자 마이나데스가 제안할 때 받아들일 필요가 있었다. 감정이 자신을 좀먹고 있음을 깨닫고 깊은 수렁에서 빠져나왔다면 비참한 죽음을 맞이하지 않았을 것이다.

4번 유형은 감정 속에서 살지 말고 현실을 살 필요가 있다. 아름다운 삶은 저 멀리 있는 것이 아니라 현실에서 시작된다는 점을 기억해야 한다.

평생 사춘기의
감수성을 지니고 있다

─────────── 아름다운 아프로디테의 남편은 미남이었을
까? 그녀가 미의 여신인 만큼 그녀의 남편은 잘생겼을 거라고
생각할 수 있지만 의외로 그녀의 남편은 절름발이에다 못생긴
대장장이 헤파이스토스였다. 아프로디테는 남편이 있음에도 많
은 남자와 염문을 뿌렸다. 그녀의 애인으로는 멋진 전쟁의 신 아
레스, 미소년 아도니스 등이 있었다. 아프로디테에게는 그 무엇
보다도 사랑이라는 감정이 중요했다. 낭만과 자유로운 사랑으로
상징되는 그녀의 감정이 한 남자에게만 만족하지 못하게 만들었
던 것이다.

억압된 곳에서는 창의력을 발휘할 수 없다. 자유가 있어야 창조
가 탄생하기에 예술은 평범함을 거부한다. 그래서 4번 유형은 얽
매이지 않는 예술가다. 남다른 감수성과 풍부한 상상력으로 다른
어떤 유형보다 세련된 예술성을 가진 사람들이 4번이다.

디자이너 앙드레김 하면 우리는 흰색을 떠올린다. 그는 생전에
흰색 옷만 즐겨 입고 만들었다. 한번은 방송에서 그의 집을 찾아
갔는데 그의 옷장에는 흰색 옷이 100벌도 넘게 걸려 있었다. 리포
터가 그에게 물었다. "제 눈에는 다 똑같은 흰색인데, 왜 이렇게
흰 옷만 만들고 입으세요?" 앙드레김이 대답했다. "다 똑같다고
요? 오~ 그렇지 않아요. 저에게는 다 달라요. 흰색도 종류가 얼마
나 많은데요. 재질도 디자인도 달라요. 게다가 이 디테일! 이게 어

떻게 같아 보일 수가 있죠?"

4번 유형인 그의 남다른 심미안이 그의 예술세계를 만들었다.

4번은 예술가답게 감수성이 뛰어나다. 앙드레김의 아들이 몇 년 전 인터뷰를 하며 그를 다음과 같이 이야기했다. "아버지의 마음이 소년 같았어요. 어른이니까 세상의 흐름도 무시하지 못했지요. 그럼에도 순수하셨습니다."

이들은 나이를 먹어도 아직 성숙하지 않은 소녀 같은 면이 있다. 4번은 남성들도 다소 소녀 같은 기질을 갖고 있다.

4번은 평생이 사춘기라고 한다. 이들의 감수성은 인생을 풍요롭게 하기도 하지만, 종잡을 수 없어 자신과 상대를 불안하게 하기도 한다.

감정을 잘 느끼는 만큼
상대의 감정도 잘 이해한다

피그말리온은 뛰어난 조각가였다. 그는 세상의 뭇 여인들을 믿을 수 없어 홀로 살았다. 그는 어느 날 상아로 완벽한 여인을 조각했고, 곧 아름다운 조각상과 사랑에 빠지고 말았다. 조각상에 이름을 붙여 불러주고 쓰다듬어 주기도 했다. 예쁜 꽃을 안겨주고 입맞춤을 하기도 하며 마치 살아 있는 여인처럼 대했다. 그는 아름다운 조각상이 진짜 여인이었으면 하고 바라게 되어 사랑의 여신 아프로디테에게 열심히 기도했다.

피그말리온의 간절한 바람은 아프로디테의 마음을 움직였다. 기도를 마친 피그말리온이 집으로 돌아가 조각상을 만지자 조각상에서 따뜻한 온기가 느껴졌다. 아프로디테가 조각상에 생명을 불어넣어준 것이다. 조각상은 살아 있는 여인이 되어 피그말리온의 아내가 되었다.

이처럼 4번 유형은 인간적이고 따뜻한 면이 있다. 이들은 감정을 잘 느끼기 때문에 타인의 감정도 섬세하게 느끼고 공감을 잘한다. 때로는 상대보다 그 감정을 더 깊이 느끼기도 한다. 특히 타인의 아픈 감정에 연민을 잘 느낀다. 힘들고 아팠던 경험을 예민하게 느끼고 기억하기 때문이다.

4번 유형인 아프로디테는 피그말리온의 갈망을 누구보다도 깊이 이해할 수 있었을 것이다. 그래서 안타까운 마음에 조각상에 생명을 불어넣고 기뻐했을 것이다.

우리 인간에게는 아프로디테와 같은 능력은 없지만, 어쩌면 4번의 위로가 누군가에게는 아프로디테의 마법보다 큰 힘을 발휘할 수 있을지도 모른다.

갖지 못한 것에 대해 집착한다

─────── 아름다운 여인이 있었다. 너무 아름다워서 미의 여신 아프로디테보다 더 아름답다는 소문이 돌 정도였다. 그녀

의 이름은 프시케였다. 아프로디테는 사람들의 관심이 프시케에게 쏠리자 그녀를 몹시 질투했다. 그래서 아들 에로스에게 프시케가 멋진 남성이 아닌 가장 추한 남자와 사랑에 빠지게 하라고 시킨다. 그러나 프시케를 본 에로스는 그녀의 아름다움에 반해 정신이 혼미해져 그만 들고 있던 사랑의 화살에 찔리고 말았다. 저주를 내리려 했던 아프로디테의 의도와는 반대로 그녀의 사랑하는 아들 에로스는 그녀가 가장 질투하는 여인 프시케를 사랑하게 되었다. 그리고 에로스는 프시케를 은밀한 곳에 숨겨두고 매일 밤 찾아갔다.

그러나 이를 가만히 보고만 있을 아프로디테가 아니었다. 그녀는 에로스를 감추고 프시케에게 인간으로서는 풀기 어려운 네 가지 과제를 내렸다. 그 과제를 수행해야만 프시케는 에로스를 만날 수 있었다. 프시케는 에로스에 대한 사랑과 주변의 도움으로 우여곡절 끝에 네 가지 과제를 모두 마치게 되고, 마침내 둘은 아프로디테의 허락을 받아 영원히 함께 살 수 있게 되었다.

자신이 세상에서 최고여야 하는 아프로디테는 자신이 남들과는 다르다고 생각하는 점인 아름다움을 프시케가 위협한다고 생각해 그녀에게 강한 질투심을 느낀다. 4번 유형은 그녀처럼 끊임없이 다른 사람들과 자신을 비교하는 습성이 있다. 이는 남들과 비교했을 때 자신의 특별함이 무엇인지를 찾기 위함이다. 그러고는 자신에게는 없는 무언가를 다른 사람이 갖고 있다고 느낄 때 시기하고 질투한다.

만약 4번이 자신의 독특함을 사람들에게 인정받을 때는 아무런 문제가 없다. 그러나 이들은 독특해야 한다는 강박감 때문에 일상을 무시하는 경향이 있으며, 그로 인해 일상생활에서 문제가 생기는 경우가 많다. 바로 이때, 다른 사람은 일상을 잘 살아가고 행복하며 자신감이 있는 것처럼 보이지만, 자신은 남들과 달리 문제가 많고 행복하지 못하다고 느낀다. 자신과는 달리 다른 사람이 가지고 있는 능력에 시기심을 느끼고 그것을 갖고 싶어 한다. 그러면서 자기비하를 하기도 한다. '이렇게 못난 나를 사람들이 싫어할 거야'라고 생각하며 주변 사람들에게 이해받지 못한다고 느껴 더욱 우울해한다.

자기감정을 중시하면서도
타인들에게 사랑받고 싶어 한다

자기감정에만 빠져 있는 4번은 '난 여기에 어울리지 않는 사람이야'라고 느낄 때가 많다. 이렇게 내면으로 침잠하는 4번이 고립되어 외롭다고 느끼게 되면 건강하지 못한 2번의 행동을 한다. 남과 다른 특별함에서 정체성을 찾는 4번의 장점을 잃어버리고 사람들에게 먼저 다가가 말을 걸고 그들에게 환심을 사려고 한다. 그런데 그것이 4번에게는 익숙하지 않은 경험이기 때문에 서툴게 다가가 오히려 사람들을 떠나게 하기도 한다.

이들은 자신이 아무리 변덕을 부려도 주변 사람들이 자기를 버리지 않을 거라는 점을 확인하고 싶어 한다. 그래서 자신이 좋아하는 사람들에게 지나치게 친절하게 대하고 그들을 기쁘게 하려고 애쓰며, 그 관계가 얼마나 중요한지를 강조한다. 일부러 불쌍해 보이도록 감정을 연출해 누군가 도와줄 수밖에 없도록 만들기도 하며 사람들에게 부담감을 준다. 심지어 주변 사람들에게 의존하면서도 자기가 이해받지 못한다고 느끼며, 자신의 친절에 대해 보답이 없으면 불평불만을 쏟아낸다.

이들의 이런 행동은 결국 사랑이 필요하다는 표현이다. 이렇게 행동한다면 4번은 자신이 건강하지 못한 방향으로 가고 있음을 깨달을 필요가 있다.

자신만의 감수성에 행동력이 합쳐지면 이상적인 모습이 될 수 있다

프시케는 불가능해 보이는 과제를 해결하면서 비로소 성장한다. 그리고 그 성장은 그녀만의 것이 아니었다. 프시케를 그토록 미워했던 아프로디테는 프시케를 인정하게 되면서 함께 성장한다.

이주향 교수는 《그리스 신화, 내 마음의 12별》에서 프시케가 아프로디테의 그림자라고 말했다. 우리가 미워하고 질투하는 그곳에 우리의 그림자가 있으며, 그것은 살아내지 못한 삶의 이면이라고 한다. 그래서 프시케는 아프로디테적 본능이 배우고 진화해야 할 의식적인 삶, 관계적인 삶이라고 설명했다.

프시케에게서 배울 수 있는 아프로디테의 성장점 중 하나는 첫 번째 과제인 곡식의 씨앗을 분류하는 것에서 찾아볼 수 있다. 온갖 곡식 중에서 어떤 것이 밀이고 콩인지 종류별로 골라내는 이 지루한 작업은 의미를 갖고 있다. 낱알을 제대로 분류해야 농사를 잘 지어 풍성한 수확을 얻을 수 있듯이 우리 삶은 무의미해 보이지만 사소하고 반복적인 현실의 일상을 잘 살아가는 과정이 필요하다. 현실에서 필요한 이성과 질서를 이 작업을 통해 배울 수 있다. 이는 상상 속에서 살고 감정이 전부라고 생각하는 아프로디테가 현실에 뿌리내리고 살아가기 위해 꼭 필요한 작업이다.

4번은 자기 자신이 되고자 하는 열망이 너무 커서 평범한 삶과 삶의 규칙이 자신에게는 맞지 않는다고 느낀다. 특히 정체성을 찾는 중요한 일을 해야 하는 자신이 평범한 조직의 틀 안에서 먹고 살기 위해 어쩔 수 없이 무언가를 해야 한다면 괴로워 견딜 수 없어 한다. 이때 이들은 이렇게 생각한다. '언젠가는 나의 진정한 인생이 올 거야. 지금 이건 진짜 내가 아니야.' 그러나 현실도 중요하다는 사실을 결코 잊어서는 안 된다. 프시케가 알곡 고르기 과제를 수행해야만 다음 과제로 넘어갈 수 있듯이 말이다.

현실의 과제를 수행한 4번은 건강한 상태에서 감정의 수렁에서 벗어나 이성을 가질 수 있게 된다. 상상의 세계 속에서 살던 이들은 이제 그러한 감정들이 현실이 아님을 깨닫는다. 더 이상 감정에 휘둘리지 않고 명확한 삶의 규칙을 가진 건강한 1번의 모습을 보인다. 이들은 이제 현실에서 살아가는 것을 두려워하지 않게 된다. 1번이 가진 자신에 대한 확신과 함께 그에 따른 행동력을 갖추게 되는 것이다.

내 친구 중에는 4번 유형으로 건강한 1번의 모습을 보이는 유형이 있다. 자기만의 세계가 분명한 4번인데 약속과 규칙을 철두철미하게 지킨다. 약속 시간에 절대로 늦는 법이 없고 주어진 규칙은 철저히 지킨다. 누구보다도 철저한 그녀는 자기가 한때 혼란과 무질서의 상징이었다고 고백하며 지금 자신의 모습이 정말 좋다고 말한다. 여전히 소녀다운 감수성이 풍부한 그녀이지만 감정의 수렁에 빠지지 않도록 자신을 다잡는 노력이 그녀를 건강한 4번으로 만들었다.

나 자신을 인정함으로써
타인을 인정하게 된다

─────── 프시케가 끝내 과제를 해내는 모습을 지켜본 아프로디테는 프시케와 함께 성장했다. 나만이 아닌 타인을 바라볼 수 있게 된 그녀는 비로소 성장한 것이다. 또한 상대의 독특함을 발견하고 나뿐만 아니라 상대도 최고임을 인정한 아프로디테는 진정 아름다운 여신이 되었다.

4번의 시기심은 스스로를 병들게 한다. '저 사람은 저렇게 좋은 면이 있는데, 난 왜 그게 없는 거지?' 라고 시기심이 발동할 때 스스로 인식할 필요가 있다. '아, 내가 지금 부러워하고 있구나'라고 인정해야 한다.

그리고 이렇게 생각해보는 것이다. '넌 나에게는 없는 것을 가졌네. 너의 그런 면이 참 아름답다.' 그리고 나아가 '너의 아름다움이 독특한 것처럼 나에게는 나만의 독특함이 있어. 우린 모두 특별한 사람이야'라고 발전적으로 생각하는 것이다.

나만이 특별한 사람이어야 사랑받을 수 있다는 생각에서 벗어나야 한다. 독특하고 잘난 모습을 애써 드러내려 하지 않아도 나는 충분히 가치 있는 사람임을 스스로 인정해보는 것이다. 행복은 내가 다른 사람보다 더 앞서야 느낄 수 있는 것이 아니라, 서로의 가치를 인정해주는 데서 찾을 수 있다.

그러기 위해서는 먼저 자신의 가치를 인정하는 일이 필요하다. 자기 자신이 되는 것은 애써 노력해야 이루어지는 일이 아니라 있는 그대로의 나를 받아들이면 된다. 자신에 대한 확신이 생기면 타인의 장점을 바라볼 때 평온한 마음으로 바라볼 수 있게 된다.

상대의 마음을 헤아리는 것에서 나아가
베풀면 존재가치가 빛을 발한다

4번은 그 어떤 유형보다도 강한 내면을 가졌다. 감정을 끝까지 느끼며 쌓아온 회복탄력성이 높다고 할 수 있다. 이들은 정말 힘든 일이 닥쳤을 때 다른 누구보다도 잘 헤쳐나갈 수 있는 내면의 힘을 지닌 사람들이다. 단단한 내면을 인식할 수 있다면 4번은 자신에게 상처를 준 이들을 용서하고 세상으로 나올 수 있게 된다. 그리고 자신이 추구했던 아름다움을 나누어줄 수 있게 된다.

따뜻한 마음의 소유자인 4번은 자기성찰에서 오는 통찰력으로 타인에게 깊이 공감하고 타인을 이해할 줄 안다. 민감한 4번의 눈에는 상대의 특별함이 잘 보인다. 자신뿐만 아니라 모두의 특별함을 일깨워줄 수 있는 4번이 되기 위해서는 '나만 특별하다'는 믿음을 버려야 한다. 이는 자신만을 바라보았던 나르키소스가 에코를 받아들일 만한 마음 한편만 내어준다면 가능한 일이다. 피그말리온에게 영혼을 선물한 아프로디테의 마음이 나에게 있다는 것을 알기만 하면 가능한 일이기도 하다.

공감할 줄 알고 남을 이해할 줄 아는 4번은 남에게 베풂으로써 그 존재가치가 더욱 빛나게 된다.

내면으로의 침잠이 아닌 자신을 인정함으로써 건강한 관계를 맺을 수 있다

"누구에게나 자신만의 바둑이 있다"고 말하는 《미생》의 작가 윤태호는 성숙한 4번 유형이라 할 수 있다. 《미생》이라는 작품으로 수많은 직장인의 가슴을 울리고 공감대를 형성했던 그는 아이러니하게도 직장생활을 한 번도 해본 적이 없다.

작품을 쓰기 전에는 과장, 부장 중에 누가 더 높은 사람인지도 몰랐다고 한다. 그럼에도 그가 직장인들이 깊이 공감하고 심지어 '직장생활의 교본'이라 불리는 작품을 만들어낼 수 있었던 이유는 삶에 대한 깊은 통찰과 인간의 감정에 대한 이해가 있었기에 가능했을 거라 생각한다.

그가 MBC 무한도전에 출연해서 했던 말은 매우 의미심장하다.

"우리는 행복하자고 일상을 희생하고 있어요. 일상이 무너지면 여행을 간다고, 돈을 많이 번다고 해서 채워지지 않아요. 작은 단위에서의 나, 내 가족, 내 구성체, 모든 부분이 일상적인 언어로 보람 있게 채워져야 우리가 잘 살고 있다고 느낄 겁니다. 따라서 일상성을 중요하게 여겨야 합니다."

4번의 자기성찰로 4번들에게 절실히 필요한 일상성을 조언하고 있다.

예민하고 감성적인 4번 유형이 냉철하고 이성적이어야 성공할 수 있는 세상에 던져져서 잘 살아가기는 쉽지 않다. 윤태호 작가는 4번들에게 이렇게 조언한다.

"우리가 안갯속에 있으면 코앞도 무섭잖아요. 앞이 안 보이니까. 걱정을 모호하게 하다보면 모든 게 걱정거리가 되기 때문에 불안하죠. 실체를 확실하게 알고 나면 내가 가야 할 길의 다리가 부러졌어도, 그 옆에 분명하게 내가 건너갈 수 있는 하나의 길이 보일 수 있거든요. 그럴 때 그건 대비를 할 수 있는 거예요. 그러니 부정적인 감정은 방치하지 마시기를 바랍니다."

또한 《미생》에는 4번 유형이 자기 자신에게 해주어야 할 말이 담겨 있다.

"잊지 말자, 나는 어머니의 자부심이다. 모자라고 부족한 자식이 아니다."

혼자만의 세계로 침잠하는 것이 아닌, 자신의 내면을 인정하고 가치를 발견하고 다른 사람들과 관계를 맺음으로써 감성적인 4번 유형은 험난한 세상에서 건강한 삶을 살아나갈 수 있을 것이다.

4번 유형이 성공적인 인간관계를 만들려면

감정에 민감한 4번은 자신처럼 상대도 감정을 예민하게 느낀다고 생각한다. 그래서 상대가 자신의 감정을 알아주고 공감해주기를 바라고 만약 그렇지 않으면 상처받고 매우 섭섭해한다. 그러나 머리형이나 장형에게는 감정을 느끼는 것이 4번만큼 쉽지가 않음을 기억해야 한다.

또한 4번은 자기감정에 빠져 있을 때 자신의 의도와 상관없이 지나치게 민감하게 반응함으로써 상대에게 상처를 줄 수도 있음을 알아야 한다. 상처는 나만 받는 것이 아니라 상대도 나에게 받을 수 있으며, 내 상처가 가장 큰 것이 아님을 기억하자.

타인보다 고상한 자신의 독특함을 드러내고 싶고, 주목받고 싶은 마음은 사실 스스로에게 만족하지 못해서 생기는 것이다. 내면이 충만한 사람은 남과 비교하지 않아도 충분히 행복하다. 4번은 이미 독창적이고 더 이상 특별할 필요가 없는 고유한 존재다. 또한 상대방도 나름의 방식으로 특별하며, 인간은 누구나 존재가치를 지니고 있음을 인정함으로써 4번은 가슴형 특유의 끈끈함으로 타인과 깊은 인간관계를 맺을 수 있다.

당신 주변에 4번 유형이 있다면

특별함을 추구하는 4번 유형에게는 평범함을 강요하는 것이 상처가 된다. 4번의 고유한 특별함을 인정해주고 지지해주는 것이 이들과 가까워지는 방법이다. 가슴형인 이들은 관계 속에서 주목받으며 남들에게 부러움을 사기를 바라는데, 그럼에도 3번처럼 주목받을 만한 행동을 나서서 하지는 못한다. 때문에 특히 집단에서 소외감을 느끼기 쉽다. 소외감은 4번의 우울감으로 이어지기 때문에 주변에서는 이에 특히 관심을 가져줄 필요가 있다.

4번에게는 강한 어조로 설득하거나 억압하기보다는 부드럽고 포용력 있게 다가가는 편이 좋다. 특히 이들에게 사교적인 사람이 되어야 한다고 강조하면서 사소한 감정은 별거 아니니 훌훌 털어버리라고 조언하는 것은 절대 도움이 되지 않는다. 만약 이들의 감정 기복 때문에 불편한 부분이 있다면 차라리 솔직하면서도 예의를 갖춰 이야기하면 받아들일 것이다.

4번은 조금 별나고 때로는 제멋대로이지만 상대가 힘들 때 깊이 공감해주고, 아픈 마음에 진심으로 연민을 느끼는 따뜻한 사람임을 기억한다면 이들과 특별한 관계를 만들어갈 수 있을 것이다.

5번 유형 탐구자-아테나
머리를 쓰는 일만이 가치 있는 일이죠!

5번 유형 아테나,
제우스의 머리에서 태어나다

그리스 신화에서 알려진 제우스의 아내는 헤라다. 그러나 제우스의 첫 번째 결혼 상대는 헤라가 아닌 메티스였다.

제우스가 메티스에게 빠져 있을 당시 대지의 여신 가이아는 충격적인 말을 전한다. 가이아는 제우스의 할머니였다. "제우스야 메티스는 너의 짝이 아니란다. 만약 메티스가 너의 아이를 낳게 된다면 그 아들이 너의 자리를 넘볼 것이다. 네가 했던 것처럼 말이다."

사실 제우스가 아버지인 크로노스를 왕의 자리에서 끌어내리는 데 결정적인 역할을 한 것은 바로 메티스의 지혜였다. 그의 첫사랑 메티스는 지혜의 여신이었다.

할머니의 말을 듣고 제우스는 깊은 고민에 빠졌다. 며칠 후 메티스를 찾아간 제우스는 그녀를 한입에 삼켜버렸다. 가이아의 예언을 차단하는 동시에 메티스의 지혜도 자기 것으로 만들고자 하는 선택이었다.

이때 메티스는 임신 상태였고 산달이 가까워오자 어느 날 갑자기 제우스의 머리가 깨질 듯이 아파오기 시작했다. 제우스는 헤파이스토스를 불러 자신의 머리를 도끼로 쪼개라고 했다. 헤파이스토스가 제우스의 머리를 쪼개자 강한 빛과 함께 한 여신이 튀어나왔다. 그녀가 바로 아테나다. 제우스의 머릿속에서 탄생하게 된 아테나는 바로 머리형 유형 중에서도 가장 머리에너지를 많이 사용하는 5번을 대표한다.

활동보다는 탐구하고
관찰하기를 좋아한다

——————— 이성형이자 머리형인 5번은 탐구자, 연구자, 관찰자로 대변된다. 이들은 모든 것을 관찰한다.

관찰자가 되려면 그 상황에 뛰어들어서는 관찰하는 것이 불가능하다. 본래 바둑을 두는 사람 눈에는 보이지 않는 수가 옆에서

제우스의 머리 속에서 무장한 채 태어난 미네르바
르네 앙투안 우아스 | 1688년경 | 베르사이유와 트리아농 궁 소장

구경하는 사람 눈에는 훤히 보이게 마련이다. 그래서 5번 유형은 본인들이 관찰하고자 하는 것에서 한 발짝 떨어져 있다. 이들은 다른 사람들이 하는 모습을 옆에서 지켜보는 사람들이라 할 수 있다.

5번 유형이 관찰하는 대상은 무엇일까? 4번 유형이 사람 그 자체에 대해 고민하고 인간내면에 대한 통찰을 하는 사람들이라면, 5번은 주로 인간을 둘러싸고 있는 외적인 것들에 대해 관심을 갖고 관찰한다. 관찰도 그냥 눈으로 훑어보는 것이 아니라 마치 돋보기나 미세 현미경으로 들여다보듯이 매우 자세히 관찰한다. 그 결과 안개에 싸여 있던 이 세상에 관한 많은 진리를 5번 유형이 밝혀낸 경우가 많다. 세계적으로 유명한 과학이론, 수학이론의 대부분이 5번 유형이 미세현미경을 가지고 파헤쳐낸 것들이다. 그들의 머릿속에는 늘 다음과 같은 질문이 꽉 차 있다.

- 우리가 살고 있는 이 우주는 무엇으로 이루어져 있을까?
- 인간이 세상을 살아가는 데 있어 중요하게 생각해야 하는 것은 무엇일까?
- 지구상의 생명체는 어떻게 탄생했을까?
- 이 세상을 지탱하게 하는 자연계의 법칙은 무엇일까? 등등

이러한 의문에 대한 해답을 찾기 위해 이들은 열심히 책을 보고 연구하고 탐구한다. 그 결과 우주, 과학, 수학, 생명과학, 철학 분

야 등에서 놀라운 성과를 이루어냈다.

이들은 활동하기보다는 앉아서 책을 보기를 좋아한다.

내 조카 중에 초등학생 남자 조카가 있는데 5번 유형이다. 보통의 남자아이들은 몸을 많이 움직이고 한시도 가만히 있지 않는다. 그러나 내 조카는 보통의 여자아이들보다 더 조용하고 얌전한 편이다. 다섯 살 때부터는 텔레비전 뉴스를 열심히 시청했고, 일곱살 때는 인기 팟캐스트인 '지적대화를 위한 넓고 얕은 지식'이라는 프로를 열심히 들었다.

한번은 그 방송이 3주년을 맞아 기념으로 여러 가지 통계를 분석해서 발표했다. 그중의 하나가 자신들 방송의 청취자를 분석한 결과였다. 청취자의 대부분은 20~30대였고, 10대가 1퍼센트 정도 듣는다고 했다. 내 조카는 우주, 천체, 고대 문명사, 민주주의 역사 등에 관한 내용을 열심히 듣고 때때로 방송에서 언급되는 책을 사달라고 엄마한테 요구한다고 한다.

SNS의 발달은 호기심 많은 5번 유형이 세상을 더 세밀히 관찰하고 더 많은 정보를 얻는 데 큰 도움을 주고 있다.

지식을 쌓는 데 욕심이 많고
나누는 데는 인색하다

아테나가 신들 중에서 으뜸인 제우스의 머리에서 태어나 머리를 쓰면서 살아가는 것이 숙명이듯, 5번 유형은 숙명적으로 머리를 사용하는 일에 집착한다.

아테나와 같은 머리형들이 공통적으로 갖고 있는 감정은 불안이다. 장형은 본능에너지를 사용하기 때문에 의지도 강하고, 에너지도 강하다. 반면 우리 몸에서 머리는 장에서 가장 멀리 위치해 있기 때문에 세 중심의 에너지 중 에너지의 크기나 세기로 본다면 가장 약하다. 마찬가지로 가슴형보다도 에너지가 약하다. 그래서 이들은 외모상으로 보아도 장형과 가슴형들보다 기운이 약하다는 인상을 준다. 머리형 본인들도 자신들이 약하다는 것을 느끼기 때문에 불안함을 느낀다.

이런 불안함을 잠재우기 위해 5번 유형이 선택하는 방법은 바로 지식에 집착하는 것이다. 내가 하는 일이 나를 가치 있게 만든다고 여기는 3번처럼 5번은 '내가 아는 것이 나를 가치 있게 만든다'고 생각한다. 이들은 자신을 최상의 상태로 유지하려면 지식을 축적해야 한다고 생각하며 자신이 아는 것이 많을수록 불안감을 잠재울 수 있다고 여긴다.

자신이 무엇인가 결핍되어 있다고 생각하면 자신이 갖고 있는 것을 다른 사람들에게 베풀기 어렵다. 5번 유형은 자신들의 결핍을 보호하기 위해 모든 면에서 인색한 경향을 보인다. 내가 불안하지 않으려면, 내가 알고 있는 지식을 지켜야 한다. 그래서 갖고 있는 정보나 지식을 나누어주는 것이 이들에게는 힘든 일이다. 이들은 지식이나 정보를 축적하는 데 힘쓰지만, 그것을 타인과 공유하는 것에는 대단히 인색하다.

5번 유형은 자신이 관심이 가는 분야가 생기면 엄청난 양의 정보를 수집하고 그것을 연구한다. 그래서 5번 유형은 학계에서 성공을 이룬 학자들이 아니더라도 일반적으로 지식인의 느낌을 준다.

예전에 같이 일을 했던 강사 중 한 명이 5번 유형이었다. 강사들은 강의 준비를 위해 평소에 상당한 양의 자료를 수집하는 편이다. 그래서 대부분의 강사들은 자료 저장을 위해 외장하드를 한두 개씩은 기본적으로 갖고 다닌다. 한번은 5번 유형 강사의 가방을 보게 되었는데 모두 깜짝 놀라고 말았다. 지금이야 테라바이트(1,024기가바이트) 외장하드를 흔히 볼 수 있지만, 8년 전에는 거의 볼 수 없는 단위였다. 나는 그때 테라바이트라는 용량단위를 처음 알게 되었다. 용량 자체에도 놀랐지만, 더 놀라운 점은 그 대용량 외장하드가 한 개도 아니고 다섯 개나 가방 속에 있었던 것이다. 그는 그 자료를 강의 자료로 사용하는 것은 아니고 그 많은 자료를 갖고 있다는 것에 만족감을 느끼고 자부심을 갖고 있는 듯했다.

이처럼 5번 유형은 지식에 대한 관심과 욕심이 남다르다.

욕구 충족에 큰 관심을
두지 않는다

─────────── 그리스 신화에 등장하는 신들은 대부분 흰색의 천으로 만든 옷을 입고 있는 것으로 그려진다. 이 옷은 히마티온이라고 불린다. 5번 유형으로 상징되는 아테나는 천으로 된 옷

인 히마티온을 입고 있지 않다. 그녀는 유일하게 갑옷을 입고 등장하는 여신이다. 아테나가 다른 신들과 다르게 갑옷 속에 자신의 몸을 숨기고 있는 것은 5번 유형이 자신의 몸을 갑옷 속에 가둬두고 돌보지 않음을 의미한다. 인간이라면 누구나 갖고 있는 본능적인 욕구를 잘 살피지 않는 5번의 성향을 나타낸다.

장형들은 먹는 것에 굉장히 민감한 편이다. 그들의 에너지 중심이 소화기관과 장이기에 당연한 일이다. 그러나 머리형인 5번 유형은 먹는 것에 별 관심을 두지 않는다. 만약 혼자 사는 5번이라면 집에 냉장고가 텅텅 비어 있는 경우가 많다. 간혹 음식물이 발견되더라도 대부분 일회용 음식들이다.

인간에게 음식이 갖는 의미는 단순히 생명 존속을 위해 필요한 요소가 아니다. 인류에게 먹을 것이 모자라던 시대에는 생존을 위해 필요한 것이었지만, 지금 시대에는 생존 이상의 의미를 갖는다. 식사를 하면서 가족들 간의 정을 나누고, 다른 사람들과 교류를 하고, 친분을 쌓아가며 비즈니스를 한다. 더 나아가 쾌락지향적인 인간에게 음식은 즐거움을 주는 중요한 즐길 거리다.

그러나 5번 유형에게는 음식이 생존 이상의 의미를 갖는 것으로 보이지 않는다. 이들의 머릿속에는 이런 의문이 들 수 있다. "장을 보고, 음식을 장만하고, 음식을 먹고, 설거지를 하는 일련의 일들이 너무 시간을 낭비하는 것 아닌가? 이 문제를 해결하기 위해 끼니를 간단히 알약 하나로 해결할 수 있도록 할 수는 없을까?"

이들은 음식을 준비하고 먹는 시간에 지식 축적을 위해 책을 펼

팔라스 아테나

구스타프 클림트 | 1898년 | 빈 미술관 카를스플라츠 소장

쳐 들고 싶어 한다.

갑옷을 벗지 않고 계속 자신의 몸을 가두어둔다면 어떤 일이 생길까? 몸은 야위어가고, 햇볕을 쪼이지 못하게 되어 건강하지 못한 상태가 될 것이다. 따라서 5번은 갑옷을 벗어던지고 자신의 몸을 건강하게 유지하려는 활동이 필요하다. 지식을 아무리 많이 쌓아도 몸이 건강하지 못하면 아무 의미가 없지 않은가? 5번 유형은 이 점을 명심할 필요가 있다.

에너지가 약해서
혼자만의 시간을 즐긴다

자신의 에너지가 약하다고 느끼는 5번 유형은 되도록 에너지 소비를 하지 않으려고 한다. 에너지 소비를 최소화하기 위해 이들은 어떤 일을 하기 전에 머릿속에서 많은 생각을 한다. 자신이 파악한 정보를 가지고 판단했을 때 자신의 능력 밖의 일이라고 생각되면 절대 발을 들여 놓지 않는다.

보통 사람들은 어떤 일이 본인이 하기에 어렵더라도 주어진 상황, 인간관계 등에 얽매여 하고 싶지 않아도 어쩔 수 없이 하는 경우가 많다. 그러나 5번에게는 그런 점을 기대하기 어렵다. 그렇다 보니 남들에게 굉장히 냉소적이고 냉정하다는 평가를 받는다. 그러나 자신이 에너지를 사용하지 않으려다 보니 타인이 자신 때문에 시간을 할애하거나, 에너지를 쓰는 일이 없도록 하는 면도 있다. 그래서 자연스럽게 혼자 있는 것이 가장 최상의 상태라고 느낀다. 진정으로 고독을 즐기고 혼자 있는 것을 가장 편하게 느끼는 사람들이 5번 유형이다. 이들은 절대고독에서 오히려 자유를 느끼는 사람들이다.

만약 상황에 의해 사람들과 같이 어울리는 시간을 길게 갖게 되면 이들은 굉장히 피곤해하면서 에너지가 소진되었다고 느낀다. 이들에게 재충전의 시간은 당연히 혼자 있는 시간이다. 만약 주위의 5번 유형이 며칠씩 소식이 없다면 당황해하지 말자. 그들은 세상과 대면하기 위해, 사람들과 더 잘 지내기 위해 혼자만의 시간이 필요하다는 사실을 기억하자.

일반적으로 우리는 사랑에 빠지면 어떻게 해서라도 시간을 내서 연인과 함께 있고 싶어 한다. 그러나 5번 유형은 사랑에 빠져도 자신만의 시간이 필요하다. 가슴형들에게는 이해하기 어려운 부분이라 할 수 있다. 어린아이 때부터 5번은 혼자만의 시간을 즐긴다. 친구들과 어울리기보다는 집 안에서 자신만의 세상을 구축하고 상상의 세계에 빠져드는 모습을 보인다.

아테나가 갑옷을 벗어던지지 않듯, 5번 유형은 자신들의 갑옷 안에서 자신들만의 세계를 구축한다. 기본적으로 사람들과 얽히는 것을 기피하는 이들에게 실제로 상대를 만나지 않고도 모든 것을 해결할 수 있는 가상의 인터넷 세상은 천국이나 다름없다고 할 수 있다. 인간관계를 꺼리는 이들에게 사람을 만나지 않고도 충분히 네트워크를 구성하고 필요한 일을 수행할 수 있는 가상의 세계는 그야말로 맞춤옷과도 같다. 에너지 재충전을 위해 자신만의 공간이 필요한 이들에게 혼자만의 시간이 허락되고 세상과의 끈을 놓지 않으면서 세상을 관찰할 수 있는 하나의 창구가 되는 것이다.

〈난 알아요〉라는 노래로 혜성처럼 가요계에 등장해 문화대통령으로 불렸던 가수 서태지는 5번 유형의 대표적 인물이다. 서태지와 친한 한 PD가 인터넷상에서 들려준 서태지의 모습을 통해 5번의 특징을 살펴볼 수 있다.

"서태지는 지독하리만큼 자기관리가 철저한 친구였다. 나는 지금껏 태지가 방송국 분장실이나 출연자 대기실에 앉아 있는 모습을 본 적이 없다. 항상 정확한 시간에 와서 무대에 바로 올라갔다. 서태지는 건방지다는 말이 있었던 것으로 안다. 그렇지만 태지의 성격이 그런 걸 어떻게 하겠는가? 내가 아는 한 태지는 결코 오만을 떨거나 건방진 모습을 보인 적이 없다."

5번은 기본적으로 자신들의 에너지를 쓸데없는 곳에 쓰는 것을 싫어한다. 게다가 사람들과 얽히고 교류하는 것도 꺼린다. 따라서 시간 약속을 잘 지키는 편이다. 시간 약속을 잘 지키는 모습은 1번 유형이나 6번 유형과 비슷하다. 그러나 1번, 6번은 시간 약속을 잘 지키기 위해 시간의 여유를 두고 목적지에 도착하지만, 5번은 성확하게 약속 시간에 나타난다. 시간을 쓸데없이 낭비하는 것을 싫어해서 정해진 시간에 정확하게 나타나고, 끝나고 나면 바로 가버린다. 그래서 사람들 간의 정을 중요시하는 우리 사회에서는 이런 행동이 합리적이라고 평가받기보다는 오만하다, 매정하다, 건방지다라는 평가를 받을 수밖에 없다.

담백한 미니멀
라이프의 대가

─────────── 소비가 미덕인 자본주의 사회에서 5번 유형은 달갑지 않은 고객일 수 있다. 사람은 정신과 육체를 동시에 갖고 있다. 그런데 5번은 마치 육체가 없는 사람처럼 살아간다. 앞에서 말했듯이 육체에 영양분이 되는 음식도 거하게 챙겨 먹지 않는다. 한마디로 미니멀리즘의 대가라 할 수 있다. 이러한 미니멀리즘은 음식에만 국한되지 않는다.

미니멀리즘은 너무 많이 소유하고 너무 많이 소비하는 자본주의에 경종을 울리고자 하는 사회운동이다. 버리는 생활을 통해서 삶의 여유를 찾고, 정말 필요한 최소한의 물건으로 삶의 가치를 추구하는 점이 바로 5번 유형의 성향과 닮아 있다.

미니멀리즘을 추구하는 사람들은 주변을 정리하면서 자신이 원하는 것을 알아내고 그것을 효율적으로 이루어낼 수 있다고 말한다. 한마디로 담백한 삶을 추구한다. 5번 유형의 생활이 바로 미니멀 라이프다. 최소한의 음식, 최소한의 인간관계를 원하고, 소비도 최소한으로 한다. 그러면서 자신의 모든 에너지와 자원을 자신이 원하는 연구에 몰두하여 전문가가 되기 위해 노력한다. 이들은 3번이나 4번처럼 외모를 가꾸거나, 좋은 이미지를 만들기 위해 옷을 사 입거나, 명품백을 구매하는 등의 소비행위를 좋아하지 않는다. 돈을 쓰는 데도 인색한 편이다.

타인의 눈을 의식하며 멋지고 화려한 데이트를 원하는 3번 여성이 5번 남성과 연애를 시작했다면 이들의 연애는 오래 지속되기 어려울 수 있다. 5번 유형에게 데이트는 휴식과 같은 시간이 되어야 한다. 그런데 만나서 멋진 이벤트를 해야 하고, 근사한 곳을 가고, 맛난 음식을 먹어야 하는 데이트는 5번에게는 굉장히 부담스러운 일이다.

대학 시절, 친구 중에 5번 유형이 있었다. 봄이 되어 캠퍼스에 벚꽃이 흐드러지게 피어나고 봄볕이 화창하면 대부분의 연인들은 도서관에 있지 못한다. 그러나 이 친구는 사귀고 있는 여자친구가 있었음에도 화창한 봄날에도 늘 도서관에서 지냈다. 그것도 도시락을 싸서 가지고 다니면서 여자친구와 나눠먹으며 공부하고, 공부하다 지치면 휴식으로 함께 산책을 했다. 그것이 그들의 데이트였다. 5번은 연애도 미니멀한 스타일로 한다. 그때 나나 그의 주변 친구들은 그 커플을 이해할 수 없었다. 그러나 에니어그램을 공부하고 각 유형의 특징을 알게 되고 나서는 그 커플이 이해가 되었다. 만약 그 친구가 3번 유형의 여자친구를 만났더라면 관계가 오래가기 힘들었을 것이다.

5번 유형은 누군가에게 선물을 해야 한다면 그 사람에게 제일 필요한 것을 주는 것이 최고의 선물이라고 생각한다. 실용성을 중요하게 생각하기 때문이다.

"선물은 상대에게 자신의 마음을 주는 것"이라는 말이 있다. 가슴형들은 선물로 건네지는 물건이 설사 하찮더라도 다른 사람들이 봤을 때 멋진 것, 아름다운 것, 화려한 것이라면 상대의 마음을 받았다고 느끼고 만족할 수 있다. 그래서 가슴형들에게는 꽃이 멋진 선물이 될 수 있다. 그러나 5번 유형은 꽃을 선물로 받으면 그다지 좋은 선물을 받았다고 여기지 않는다. 5번에게 좋은 선물은 효용성이 높고 실용적인 물건이다.

이렇게 취향이 다르니 보니 3번 여성과 5번 남성은 연애하기 힘든 상황에 직면하게 된다. 3번 여성은 감성적인 선물을 원하는데 5번 남성은 그런 선물을 절대 하지 않을 것이다. 특히 4번은 노트 하나를 선물하더라도 쉽게 구할 수 없는 독특한 리본이라도 달아서 줄 것이다. 만약 5번이 이런 선물을 받게 되면 4번이 보는 앞에서 무심하게 아름다운 리본을 풀어서 버리고 노트만 챙기고는 고맙다고 할 것이다. 5번의 눈에 리본은 거추장스러운 장식에 불과하기 때문이다. 자신이 마음을 써서 특별히 준비한 리본이 의미 없이 바닥에 떨어질 때, 4번은 자신의 성의가 함께 버려지는 느낌을 받을 것이다.

5번 유형의 미니멀리즘은 이들의 얼굴에서도 드러난다. 우리의 얼굴은 자신의 마음을 반영하는 거울이다. 감정이 다양한 가슴형들의 얼굴은 표정이 다양하고 풍부하다. 머리형 중에서 가장 머리를 많이 쓰는 5번은 가장 감정의 기복이 없는 유형이다. 감정의 변화가 거의 없는 5번의 얼굴은 다양한 표정이 나올 수가 없다. 대화를 할 때 5번은 표정 변화가 별로 없다. 평소에 감정 표현이 거의 없기 때문에 얼굴 근육을 거의 쓸 일이 없어 마치 로봇의 얼굴을 보는 것처럼 느껴질 수 있다. 그렇다 보니 환하게 웃어야 하는 상황이 되더라도 5번의 웃는 얼굴은 어딘지 모르게 어색하다. 5번 유형은 표정도 미니멀리즘이라 할 수 있다.

휴식의 순간에도
뇌를 가동하기 좋아한다

—————————— 잘 웃지 않는 5번을 웃게 만드는 개그가 있다. 일반적으로 사람들이 개그 프로를 보는 이유는 힘들고 지친 몸과 맘에 여유를 주기 위해서다. 웃음은 우리 몸과 마음에 긴장감을 풀어주고 면역력도 높여주는 역할을 한다. 사람들이 웃게 되는 포인트는 여러 가지가 있지만, 성인연기자가 바보스러운 캐릭터 연기를 하면 웃음이 나온다. 대표적인 것이 슬랩스틱 코미디다. 그러나 5번 유형은 이런 슬랩스틱 코미디를 보면서 웃지 않는다. 다른 사람들이 박장대소하면 그런 코미디를 보고 웃는 그들을 한심하다는 듯이 바라본다. 자신을 풀어놓고 즐겨야 하는 순간에도 5번 유형은 머리를 사용해야 한다고 여기는 것이다.

이들을 웃게 만드는 웃음코드는 머리를 사용하는 것에 있다. 요즘 말로 아재개그가 그렇다. 예를 들면 이런 것들이다.

- 세상에서 가장 가난한 왕은? 최저임금
- 세 명의 노비와 왕이 대결하면? 세종대왕
- 뽑으면 우는 식물은? 우엉
- 맥주가 죽을 때 남기는 말은? 유언비어

요즘은 이런 아재개그 앱이 존재하는데 5번은 스마트폰으로 아재능력고사를 열심히 풀면서 혼자 웃는다. 그러나 문제는 이런 아재개그를 다른 유형들은 별로 좋아하지 않는다는 점이다. 다른 유형들은 이런 것을 풀며 웃는 5번을 유치하고 한심하다는 듯이 바라본다. 이렇게 웃음코드도 5번은 다른 유형과 다르다.

본질을 꿰뚫는 5번 유형의 성공적인 사례, 아인슈타인

──────────── 강의를 다니다 보면 다양한 교육생들을 만나게 된다. 만약 5번 유형이 많이 참가한 강의장에서 강의를 하게 되면 마음을 단단히 먹어야 한다. 5번 교육생들은 표정 변화도 없고, 자신이 알지 못하는 분야에 대해서는 자신의 의견을 거의 드러내지 않기 때문이다. 교육생들의 반응이 없는 강의를 하다보면 강사들은 굉장히 힘들고 지치게 된다.

성인교육은 일반적으로 지식을 전달하는 직무교육을 제외하고는 대부분 교육생들의 주의를 집중시키기 위한 다양한 교수법이 적용된다. 그중 가장 효과적이라고 평가되는 교수법이 교육생을 직접 교육에 참여하게 하는 행동화교육이다. 이렇게 교육생을 직접 행동하게 하는 수업을 가장 싫어하는 유형이 5번 교육생들이다.

한번은 서울시의 한 도서관에서 에니어그램을 주제로 강의를 한 적이 있다. 3주 연속 교육을 진행하는 프로그램이었는데 교육에 배정된 시간이 충분해서 교육생들의 유형을 찾기 위한 학습법으로 서로 토론하는 수업을 진행했다. 교육생 대부분이 토론에 적극적으로 참여하는 편이었는데, 한 남성이 자신은 토론을 하고 싶지 않다며 토론수업을 강하게 거부했다. 바로 5번 유형의 교육생이었다.

머리형의 특성을 잘 알기에 이해한다고 말하고 겨우 설득해서 토론에 참여하게 했다. 토론을 마치고 조별로 각 유형의 특성이나 스트레스 상황에서 어떻게 반응하는가에 대한 토론결과를 발표하는 시간이 되었다. 그런데 놀라운 일이 벌어졌다. 그렇게 토론을 거부하던 5번 교육생이 발표를 가장 잘 하는 것이 아닌가. 그는 에니어그램 유형의 본질을 누구보다도 확실하게 꿰뚫고 그것을 일목요연하게 정리해서 발표했다.

이렇듯 5번 유형은 행동하고, 사람들과 이야기를 나누고, 교감하는 것을 즐기지 않는다. 그러나 사람들과 어울려 교육에 참가하지 않아도 이해하고 본질을 파악하는 데 있어서는 뛰어나다. 자신이 충분히 관찰하고 파악했다고 느끼면 이들은 누구보다도 자신감을 갖게 된다. 자신이 본질을 꿰뚫고 있다고 여기는 분야에 대해 한번 말문을 열면 다른 어떤 유형보다도 끊임없이 이야기하는 특성을 보인다.

이들은 기본적으로 머리를 많이 사용하는 사람들이기에 지식의 습득이나 이해능력이 뛰어나고, 관심을 갖기 시작한 분야는 지속적으로 연구하며 한 우물을 판다. 일단 우물을 파기 시작하면 대충 파는 법이 없고 깊게 파고든다. 자신이 느끼기에 세상에서 가장 깊게 팠다고 느낄 때까지 판다.

"한 분야에서 10년을 집중하면 성공을 하고, 20년을 집중하면 대가가 되고, 30년을 집중하면 입신을 한다"는 말이 있다. 이들은 10년이고 20년이고 계속 한 우물을 판다. 결국은 입신의 경지에 올라 그 분야에서 누구보다도 뛰어난 통찰력을 갖춘 전문가가 된다.

5번 유형이 관심 있는 분야를 파고드는 모습을 보면, 일반인들과는 참 많이 다르다는 점을 느끼게 된다. 이들이 주로 관심을 갖는 분야는 기존에 알려져 있는 것들이 아니다. 남들이 하지 않는 분야에 관심을 갖고 집중하는 경향이 있다. 자신이 쌓은 지식과 혼자만의 시간에 자신의 머릿속에 구축해 놓은 상상의 세계가 결합되면, 이들이 내놓는 결과물은 상당히 창의적이고 독창적이다. 인류 역사에 큰 획을 긋는 이론이나 철학, 사상을 구축하는 사람들이 주로 5번 유형이다. 그 대표적인 인물이 바로 상대성 이론을 정립한 아인슈타인이다.

지금은 아인슈타인의 상대성 이론을 현대 물리학의 기초라고 평가하지만, 그가 처음 상대성 이론을 발표했을 때 그의 이론을 이해하는 사람은 전 세계에서 세 명밖에 없었다고 한다. 지금도 상대성 이론은 머리형이 아닌 사람들이 이해하기에는 어려운 이론이다.

혹자는 상대성 이론이 아인슈타인이 단순히 천재여서 그것을 확립한 것이 아니라 '시간은 언제 어디서나 똑같이 흐른다'는 시간에 대한 고정관념을 깨트리는 것에서 시작되었다고 말한다. 이것은 상대성 이론에만 적용되는 것은 아니다. 인류가 만들어낸 위대한 발견은 바로 변함없는 진리라고 믿는 것을 끊임없이 의심하고 다른 시각으로 접근해 본질을 꿰뚫어 이룩해낸 결과물이다. 이는 5번 유형의 빛나는 강점이라 할 수 있다.

머리와 행동이 결합할 때
건강한 모습의 5번 유형이 될 수 있다

─────────── 모든 유형은 자신만의 강점과 단점을 모두 갖고 있다. 그래서 단점을 어떻게 변화와 성숙의 방향으로 이끄느냐가 매우 중요하다. 모든 것을 관찰하고자 하는 5번 유형이 갖는 최대의 단점은 바로 현실에 뛰어들지 않고 이론으로만 축적해 나가는 것이다.

5번은 요리에 별다른 흥미가 없지만, 만약 요리에 관심을 갖게 되면 먼저 관련 동영상이나 요리 레시피를 검색해서 이론적으로 완벽하게 습득한다. 그리고 자신이 요리에 대해 얼마나 완벽하게 알고 있는지 기회가 생기면 사람들에게 신나게 설명한다. 요리라는 주제에 대해 이야기가 나오면 누구보다 열심히 이야기한다. 그러나 이들은 실제로 요리를 하지 않는다. 5번이 설명하는 이론적인 요리법을 듣고 있다 보면 상대방은 이렇게 외치고 싶을 것이다. "요리를 책으로 하니? 직접 해봐야지!"

또한 5번 유형은 사람들과 관계를 맺고 시간을 같이 보내는 것을 별로 좋아하지 않기에 사람들에 대해 잘 모를 것이라고 생각하기 쉽다. 하지만 신기하게도 5번은 자신을 둘러싸고 있는 사람들에 대해서 모르는 것이 없을 정도로 전부 파악하고 있다. 직접적으로 사람들과 대화를 하거나 관계를 형성하는 시간을 갖지 않아도 이들은 모든 것을 알고 있다. 지금 그 사람이 무슨 고민을 하고 있고, 어떤 성향이며, 관심 분야는 무엇인지 등등 세세하게 알고 있다. 그 이유는 사람을, 인간관계를 관찰의 대상으로 여기기 때문이다.

5번의 이런 단점을 보완하고 타인에게 좋은 영향을 주는 영향력 있는 리더가 되려면, 책과 이론에만 머무르는 자신의 모습을 인지하고 거기서 변화를 이끌어내야 한다. 스스로 세상 속으로 뛰어들어야 하고, 세상이 자신 안에 들어오도록 해야 한다. 행동력을 갖춘 5번이 진정 건강한 5번이라 할 수 있다.

그 첫 단계로 몸의 본능적인 에너지를 활용하도록 노력해야 한다. 자신의 머리에너지에만 집중하지 않고 몸의 에너지를 함께 쓰는 방법을 깨우치게 된다면 자신이 구축한 전문 지식과 통찰력을 현실의 문제에 적용하고, 새로운 도전을 즐기는 8번의 모습을 갖게 되고 우수한 리더로 자리매김할 수 있다.

5번 유형이 제시하는 방법은
문제의 근본적인 해결책이 될 수 있다

성숙한 8번의 모습을 갖게 된 5번은 약자를 위하는 마음을 갖게 되고 그들이 갖고 있는 문제를 해결해 주고자 하는 따뜻한 마음으로 냉철하게 고민한다. 그리고 그들이 갖고 있는 문제를 본질적으로 해결할 수 있는 근본적인 해결법을 제시하려고 노력한다.

예전에 한 학습지 회사가 다음과 같은 한 줄의 광고 문구로 유명해졌다. '우리는 아이들에게 물고기를 잡아주지 않습니다. 대신에 물고기 잡는 법을 가르칩니다.' 보통 우리는 힘들고 어려운 사람을 보면 그 사람을 직접적으로 도와주기 위해 경제적으로 돈을 모아주거나, 다 쓰러져가는 집을 고쳐주는 등 눈에 보이는 도움을 준다. 그러나 이런 도움은 일시적인 것으로 그들이 갖고 있는 문제의 근본적인 해결책이 되지 못한다.

어려움에 직면한 이들에게는 이런 일시적인 도움이 물고기의 역할을 하게 된다. 그러나 시간이 흐르면 물고기는 사라지게 되고 다시 어려움에 직면한다. 진정한 해결책은 물고기 잡는 법을 그들이 알게 해야 한다. 당장의 어려움보다는 근본적인 해결책을 제시하는 5번 유형을 보면 냉정하고 인간미가 없어 보일 수 있다. 그러나 좋은 약은 입에 쓰다고 하지 않던가? 5번이 제시하는 해결책이 당장은 입에 달지 않지만 결과적으로는 몸 안에 잠복하며 병을 부르는 원인을 치료하는 훌륭한 약이 될 수 있다.

5번 유형인 아인슈타인은 이렇게 조언했다.

"문제가 만들어졌을 때의 사고방식으로는 절대 문제를 해결할 수 없다."

"똑같은 행동을 반복하면서 다른 결과를 기대하는 것은 정신병이다."

비판적이고 냉소적이며 냉정하게 보이는 이들의 조언 너머에 사람들이 갖고 있는 문제를 근본적으로 해결하고자 고민한 이들의 마음을 읽어볼 필요가 있다.

육체와 머리가 조화를 이루는 균형감이 필요하다

올림픽은 4년마다 열리는 전 세계인의 축제다. 올림픽 마지막 날에 열리는 마라톤은 올림픽의 가장 하이라이트라 할 수 있다. 마라톤의 우승자는 월계수 잎으로 만든 월계관을 쓰게 된다. 월계관을 마라톤 우승자에게 씌어주는 의식은 그리스 신화의 아폴론과 다프네의 사랑이야기에서 비롯되었다.

그리스 신화에서 활을 들고 다니는 신은 아폴론과 에로스다. 뛰어난 활솜씨를 갖고 있는 아폴론은 왕뱀 피톤을 물리치고 한껏 우쭐해 있었다. 그러던 중 아폴론은 장난감 같은 화살을 가지고 장난을 치고 있는 에로스를 보자 무시하며 비웃었다. 자존심이 상한 에로스는 약이 올랐다. 그래서 자신이 갖고 있는 황금으로 된 사랑의 화살을 아폴론에게 쏘았다. 그 화살을 맞게 되면 처음에 보는 상대와 사랑에 빠지게 되었다.

화살을 맞은 아폴론의 눈에 처음으로 보인 것이 요정 다프네였다. 그래서 아폴론은 첫눈에 다프네를 사랑하게 되었다. 그러나 약이 오른 에로스가 다프네에게는 납으로 된 화살을 쏘았다. 납화살은 사랑을 끝까지 거부하게 되는 마법의 화살이었다. 그 결과 다프네는 사랑에 빠진 아폴론을 필사적으로로 거부하며 아폴론에게 잡히지 않으려고 도망쳤다. 그녀의 뒤를 쫓던 아폴론이 다프네의 팔을 잡으려는 순간 다프네는 월계수로 변해버렸다.

이 사건 이후로 아폴론은 델포이 근처에서 4년마다 열린 피티아 경기의 승리자에게 월계수 가지로 만든 월계관을 씌워주었다고 한다.

다프네는 5번 유형으로 상징되는 신화 속 요정이다. 에로스의 화살을 맞아서 아폴론을 피하는 모습으로 그려져 있지만, 5번은 다프네처럼 자신에게 열정적으로 다가오는 사람을 거부하는 모습을 보인다. 다프네는 아폴론의 사랑만을 거부한 것이 아니었다.

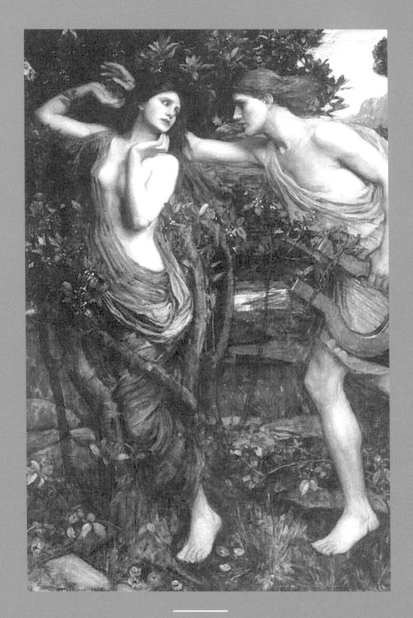

아폴론과 다프네

존 윌리엄 워터하우스 | 1908년 | 개인 소장

워낙 아름다운 외모를 갖고 있어서 많은 구애를 받았지만, 그녀는 전혀 관심이 없었다. 오직 자신이 좋아하는 사냥에만 열중했다. 이는 5번 유형의 대표적인 모습이다. 그리고 결국에는 자신만의 세계인 나무껍질 속으로 자신을 숨겨버리기까지 한다.

에니어그램에서는 성장과 성숙을 중요시하고 이야기한다. 자신의 집착과 약한 부분을 극복하고 찬란한 모습으로 나아가야 한다고 조언한다. 그런 관점에서 보자면, 자신만의 세계와 움직이지 않는 몸으로 변해버린 다프네를 상징하는 월계관을 올림픽 마라톤 승자의 머리에 씌워준다는 것은 몸의 에너지를 가장 완벽하게 사용하는 사람과 머리와 이성을 완벽하게 사용하는 사람의 조화를 의미한다고 볼 수 있다. 자신만의 상상의 세계와 현실 세계와의 결합은 5번이 나아가야 할 성장의 방향을 나타낸다.

5번 유형인 아인슈타인은 5번 유형에게 넌지시 다음과 같은 조언을 건네주고 있다.

"인생은 자전거를 타는 것과 마찬가지다.
균형을 잡으려면 움직여야 한다."

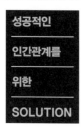
5번 유형이 성공적인 인간관계를 만들려면

사람들을 만나고 관계를 만들어가는 일은 5번에게만 힘든 일은 아니다. 어떤 유형의 사람도 살면서 느끼는 대부분의 스트레스가 인간관계에서 비롯된다. 그만큼 힘든 것이 인간관계. 그러나 우리 모두는 사회를 이루고 있는 구성원으로서 사회 속에서 각자의 역할이 있고 관계망 안에 놓여 있다. 더욱이 힘들다고 해서 무조건 피하는 것은 이기적인 사람으로 보인다. 비록 번거롭고 쉽지 않지만 사람들속으로, 사회 속으로 뛰어들어야 한다. 그러기 위해서는 먼저 몸의 에너지를 느끼는 과정이 5번에게는 필요하다.

5번은 운동을 통해 활동성을 키워야 한다. 일과 지식에만 매달리면 삶의 균형을 이룰 수 없다. 자꾸 안으로 향하고자 하는 욕구를 극복해야 한다. 인터넷과 SNS의 발달로 5번은 행동하지 않으려는 성향이 더욱 커질 수 있다. 운동을 통해 몸의 에너지를 활용하게 되면 5번은 보다 적극적으로 바뀔 수 있다. 5번이 갖고 있는 지적호기심과 연구가 빛을 발하려면 사회적인 관계가 필수적으로 따라야 한다.

5번은 본질에 충실하려고 하다 보니 다른 사람에게 듣기 좋은 말을 한다거나, 밝은 표정을 짓는 것은 필요 없는 일이라 여긴다. 그러나 사람과 사람 사이에서는 한마디의 칭찬, 부드러운 미소가 더 큰 설득력을 갖게 된다는 점을 기억하자. 타인을 칭찬하려면 타인의 긍정적인 면을 보려고 노력해야 한다. 더불어 자신의 얼굴 표정도 긍정적인 에너지를 전달할 수 있도록 훈련해야 한다.

사람은 이성만 갖고 있는 존재가 아니다. 사람과 사람 사이에서는 감성적인 요소가 더 많은 연결고리를 만들어낼 수 있음을 잊지 말자.

당신 주변에 5번 유형이 있다면

사물의 본질에 집중하는 5번과 커뮤니케이션을 잘하고자 한다면, 대화에도 요령이 필요하다. 이들은 본질과 관련 없는 이야기를 길게 말하는 것을 좋아하지 않는다. 따라서 이들과 대화할 때는 군더더기 없이 말하는 편이 좋다. 돌려서 말하기보다는 직설적이고 간결한 화법이 필요하다.

우리는 누군가와 친밀한 관계가 되면, 자주 보고 늘 함께 있으면서 일상을 함께하고자 하는 욕망을 갖고 있다. 그러나 5번에게는 예외임을 기억해야 한다. 5번에게 자주 만나고 늘 함께 있을 것을 요구하면 5번은 스트레스를 받고 힘들어한다. 이들에게는 사교적이 되라고 강요하는 것이 그 무엇보다도 큰 형벌로 느껴진다는 점을 기억해야 한다. 이들이 혼자 있고 싶어 한다고 해서 그것이 곧 관계가 소원해지는 것이라고 생각하지 말아야 한다. 이것이 이들의 관계 형성 방법임을 이해해야 한다. 아울러 이들이 관심을 갖고 마니아 수준으로 몰입하는 것에 대해 비난하거나, 그만둘 것을 강요하는 것은 위험하다. 그것은 5번의 가장 큰 강점을 버리라고 강요하는 것이나 마찬가지이기 때문이다. 그래서 이들이 몰입하고 있는 분야에 대해 인정해주는 자세가 필요하다.

만약 5번 유형이 배우자라면 당신은 가사에 관심을 두지 않는 배우자에게 몹시 화가 날 수 있다. 그러나 먹고 입는 일에 무관심한 이들의 특성을 인지하고 있다면, 화를 내기보다는 이들에게 가사를 분담해 줄 것을 요구하는 것이 방법이다. 이들에게 논리적이고 합리적인 근거를 갖고 가사의 분담을 요구할 때, 이들은 또 굉장히 쿨하게 받아들인다는 점을 기억하자.

마지막으로 평상시 말을 많이 하지 않는 5번이 자신이 관심 있는 분야에 대해서 이야기를 할 때는 엄청난 양의 말을 쏟아내는 모습을 볼 것이다. 이때 이들의 이야기를 중간에 끊지 말고 열심히 들어주는 배려가 필요하다. 평소에 사람들과 대화가 부족한 이들이 말을 할 때 잘 들어준다면 이들도 당신의 이야기에 귀를 기울이는 모습을 볼 수 있을 것이다. 이들은 비판적이지만, 타인에 대해 편견이 거의 없는 편이므로 오히려 더 건전한 인간관계를 맺을 수 있는 사람들임을 기억하자.

제6장

6번 유형 충성가-프시케

나는 당신의 의견이 필요해요

6번 유형 프시케는 왜 남편의 말은 저버리고
언니들 말을 따랐을까?

세상에 사랑을 나누어주는 신 에로스에게는
사랑하는 아내가 있었다. 미의 여신 아프로디테보다도 아름답다
고 칭송받는 프시케가 그의 신부였는데, 아프로디테는 질투심에
휩싸여 프시케에게 저주를 내릴 정도로 그녀를 미워하고 있었다.
프시케는 자신을 절대 며느리로 인정할 수 없다는 시어머니 아프
로디테의 완강한 반대에 부닥쳤다.

사실 프시케는 남편의 정체를 모르고 있었다. 아프로디테의 저
주로 끔찍한 괴물이 남편이 될 거라는 신탁을 받은 프시케는 산에

버려져 죽음을 각오하고 있었다. 이때 에로스가 그녀를 구출해내 천상으로 데리고 가 함께 살게 되었지만, 에로스는 프시케를 만나러 어두운 밤에만 찾아왔다. 프시케는 한 번도 본 적 없는 달콤한 목소리의 남편이 누군지 알 길이 없었다. 그러나 에로스는 프시케에게 절대 자신의 얼굴을 봐서도, 자기가 누군지 궁금해해서도 안 된다는 금기를 내렸다.

프시케는 남편이 몹시 궁금하긴 했지만 천상에서의 생활이 행복했다. 그러나 행복도 잠시일 뿐 프시케는 곧 모든 것이 시들해졌다. 그녀는 친정에 있는 부모님과 언니들이 너무 그리워 남편에게 그들은 만나게 해달라고 졸라대기 시작했다. 그것만은 절대 안 된다던 에로스는 프시케가 나날이 수척해지자 어쩔 수 없이 언니들을 천상으로 초대하기로 했다. 그리고 이렇게 주의를 주었다.

"당신이 슬퍼하니 언니들을 만나는 것은 허락하겠지만, 절대 언니들의 이야기에 흔들려서는 안 돼요. 언니들의 세치 혀가 우리 관계를 망칠 거예요."

그러나 언니들을 만난다는 기쁨으로 들뜬 프시케에게 에로스의 말이 들릴 리 없었다. 천상의 궁전을 구경한 언니들은 질투심에 휩싸여 프시케를 부추기기 시작했다.

"네 신랑이 너에게 얼굴 한 번 보여주지 않은 걸 보니 괴물이 분명해. 널 잡아먹어 버릴 거야. 그 전에 죽여야 해."

망설이던 프시케는 남편이 의심스러워지면서 언니들의 말에 믿음이 가기 시작했다. 그날 밤, 프시케는 에로스가 잠이 들자 몰래 등불을 들고 에로스의 얼굴을 비추고는 깜짝 놀랐다. '아, 이렇게나 아름다운 남자가 내 남편이었다니!' 그러나 이때 프시케가 들고 있던 등잔에서 뜨거운 기름 한 방울이 에로스의 어깨로 떨어졌다. 놀라서 잠을 깬 에로스는 "신뢰가 없는 곳에는 사랑이 머물 수 없어요"라는 말을 남기고 자신을 믿지 못한 프시케에게 실망해 날아가 버렸다.

이렇듯 의심 때문에 소중한 것을 잃게 된 프시케에게서 두려움이 많은 에니어그램 6번 유형의 모습을 엿볼 수 있다. 6번에게 이 세상은 너무나 낯설고 무서운 곳이다. '이 무서운 세상에서 어떻게 하면 안전하게 살아남을 수 있을 것인가?'라는 주제가 이들에게는 무엇보다 중요한 문제다. 가슴속에 불안이 가득 차 있는 6번은 미지의 미래를 끊임없이 준비하면서 두려움에 대응해나간다.

프시케는 남편은 믿지 못했지만 어린 시절을 함께 보낸 언니들은 믿었다. 다른 어떤 유형보다도 자신이 믿는 사람에게 충실한 6번의 별명은 '충실한 사람'이다. 언니들의 말에 자신을 궁금해해서는 안 된다는 남편의 말도 저버릴 만큼 프시케에게는 언니들의 말이 중요한 의미를 갖고 있었다. 그녀는 언니들의 조언대로 등불과 칼을 준비했다.

이처럼 자신이 믿는 사람이나 조직, 신념에 대해서는 그 누구보다 충성하는 사람이 바로 6번 유형이다.

에로스와 프시케

주세페 마리아 크레스피 | 1707~1709년 | 우피치 미술관 소장

자신을 안전하게 보호해줄
울타리를 찾는다

─────── 그럼, 프시케에게는 왜 언니들이 무엇보다 중
요했을까? 천상의 휘황찬란한 궁전에서 귀한 대접을 받고 충분한
행복감을 느꼈을 텐데도 말이다. 6번 유형인 프시케는 행복한 생
활 속에서도 '지금 내가 잘 살고 있는 것일까?' 라는 불안감을 느
꼈을 것이다. 프시케는 자기가 믿고 의지하는 사람에게 이에 대한
답을 얻고 싶어 했고 언니들이 이렇게 대답해주었다. "남편이 누
군지도 모르는 넌 잘 살고 있는 게 아니야."

미래에 대해 걱정이 많은 6번에게는 확실한 안전함을 느끼는
것이 무엇보다 중요하다. 이들은 정서적 안정을 위해 자신을 보
호해줄 울타리를 찾는다. 그 울타리는 믿을 만한 주변인일 수도
있고, 조직일 수도 있으며, 신념이나 전문가일 수도 있다. 프시케
에게 울타리는 두 언니들이었다. 2번 유형 데메테르의 딸인 6번
유형 페르세포네에게 울타리는 엄마 데메테르였다. 이들은 믿을
수 있는 조직으로 들어가거나 가족, 친구 등 믿을 만한 사람에게
의존한다. 6번에게 의존이란 상대에게 도움을 받는다는 의미가
아니라 자신이 신뢰하는 사람들의 지지를 절실하게 구한다는 뜻
이다.

특히 낯선 상황에 처하게 되면 6번 유형은 믿을 수 있는 누군가
를 끊임없이 찾는다. 회식 자리에서도, 교육을 받으러 가서도 자
신이 의지할 만한 사람을 찾는다. 마치 그 모습은 아기새가 어미

새를 찾는 것과 같다.

이들은 사람들의 지지와 응원을 필요로 하기 때문에 주변 사람들에게 친절하고 사교적이다. 또한 협력적이어서 사람들에게 맞춰주려 하며, 그들에게 신뢰받기 위해 노력한다. 눈치가 빨라 남들이 조금이라도 싫어하는 내색이 보이면 절대 그런 행동을 하지 않는다. 이들은 친구 관계를 가장 끝까지 유지하는 유형이다. 한번 신뢰관계를 맺으면 한결같은 친구가 될 가능성이 높다.

이들이 이렇게 신뢰관계를 형성하는 데 애를 쓰는 것은 이유가 있다. 이들은 근원적인 두려움을 갖고 있기 때문이다. 불확실한 세상에서 외톨이가 될까봐 두려워하기에 주변의 지원을 갈구한다. 이들은 자기에게는 무언가 결정할 수 있는 확실한 힘이 없다고 생각한다.

자신을 믿지 못하는 6번은 믿음을 주는 울타리가 필요하다고 느끼겠지만, 문제는 실제로 어떤 울타리도 완벽하게 안전하지는 않다는 점이다.

변화보다는 안정을 추구하고
조직에 충실하다

6번은 믿을 만하다고 판단되거나 자신을 지켜줄 거라는 확신이 들면, 그 사람이나 자신이 속한 단체에 헌신하고 그 안에서 할 수 있는 모든 것을 한다. 개인보다는 조직이 우선이라고 생각하며, 동료애를 갖고 함께 협력하는 작업을 잘 해낸다. 이들은 조직 안에서 정해진 규칙을 충실히 지키며 살아가는 모범생 스타일이다. 예측 가능한 상황이나 사전 정보가 충분하고 선례가 있는 일에서 안정감을 느끼며, 낯선 상황에서는 매우 불안해하며 긴장한다.

내가 아는 6번 유형의 친구는 운전을 시작한 지 10년이 넘었음에도 운전할 때마다 불안해한다. 익숙한 길은 괜찮지만 새로운 길을 가야 한다면 며칠 전부터 긴장된다고 한다. 그래서 사전에 인터넷으로 길을 찾아보고 몇 번이나 머릿속으로 시뮬레이션을 해본다. 운전 몇 시간 전부터는 배가 살살 아파오고, 자동차 문을 열고 앉을 때가 가장 긴장된다고 한다. 기름을 넣어야 한다면 한참을 가야 해도 집 앞에 있는 주유소에만 간다. 운전은 예측할 수 없는 상황이 생길 수도 있기에 너무 불안해서 최대한 익숙하게 만들어두는 것이다.

조직에서 정해진 규칙을 지키기를 좋아하는 이들은 공무원 사회나 공공기관에 많다. 이미 정해진 법을 지키는 것을 좋아하고 잘한다. 개혁가인 1번 유형은 법을 만들고, 충실가인 6번은 그것을 충실히 지킨다.

이들은 어려서부터 누군가의 지시나 명령을 잘 따른다.

나는 어린 시절 선생님 말씀은 무조건 따라야 한다고 생각했다. 선생님의 말이 곧 법이었다. 어느 날 피아노 학원에서 작은 발표회가 있었는데, 선생님이 한복을 입고 오라고 하셨다. 나는 발표회 2주일 전부터 꼭 한복을 입어야 하니 반드시 사주어야 한다고 엄마를 열심히 졸라댔다. 당시 2시간 거리에 살고 계셨던 할머니께서 한복을 만들어주셔서 발표회 당일에 엄마와 할머니댁에 한복을 가지러 갔다. 그런데 돌아오는 길에 차가 심하게 막혔다. 나는 발표회 시간에 늦을까봐, 한복을 제대로 챙겨 입지 못할까봐 겁이 나기 시작했다. 막히는 버스 안에서 두려움에 떨던 나는 그만 멀미를 심하게 해서 탈진 직전까지 갔다. 결국 발표회 시간에 늦었는데 문제는 몸이 너무 안 좋아서 한복도 입지 못하고 발표회에 참가하지도 못했다. 사소한 규칙을 지키려다 권위자의 목소리에 갇힌 나는 융통성을 발휘하지 못하고 발표회에 참가하지도 못한 것이다.

이러한 6번의 충실함은 강한 책임감으로 이어진다. 자기에게 주어진 소임은 무조건 다 해내야 한다는 의무감을 갖고 일을 한다. 누군가에게 받은 만큼 책임을 다하지 않으면 마음속으로 불편해한다. 이런 모습은 남들에게는 계산적으로 비칠 수도 있다. 실제로 6번은 머릿속 깊은 곳에서 얼마만큼 받았고 그만큼 돌려주었는지 계산을 하고 있다. 이들은 '내가 최선을 다하면 누군가 날 돌봐줄 거야'라는 마음으로 자신에게 주어진 일에 대해 책임지려 노력한다.

그러나 주어진 일들을 성실하게 수행하던 6번은 문득 이런 생각을 하게 된다. '그런데 왜 나만 충실해! 난 이렇게 열심히 믿을 수 있게 하는데 남들은 그렇지 않잖아. 내가 죽어라 열심히 해도 다른 사람들은 알아주지도 않아!' 이렇게 속으로 툴툴대면서 일을 한다. 그러면서 자신만큼 성실하지 않은 타인을 비난한다. 자기에게 스트레스를 준 사람에게 직접 이야기하지 못하고 제삼자에게 불평불만을 털어놓는다. 자신의 노력을 알아달라고 상대에게 이야기하면 그 사람이 자신을 떠나서 아무도 지지해주지 않을까봐 두려운 것이다.

불안과 두려움에서 나오는
소심함과 대범함의 줄타기

──────── 스핑크스의 저주로부터 테베를 구해내고 왕이 된 오이디푸스는 헤라 여신의 저주를 받아 자신을 낳아준 어머니와 결혼해 자식까지 낳았다. 뒤늦게 아내가 자신을 낳은 어머니라는 사실을 알게 된 오이디푸스는 절망감에 두 눈을 찔러 장님이 되고 세상을 떠돌다가 죽음을 맞이했다. 모두가 어머니를 알아보지 못한 오이디푸스를 손가락질할 때 그의 곁에서 함께한 여인이 있었다. 그녀는 오이디푸스의 딸 안티고네였다.

오이디푸스에게는 두 아들이 있었는데, 그들은 차기 왕이 되려고 싸우다 둘 다 죽고 말았다. 당시 실질적 통치자였던 크레온은 반역자인 오이디푸스 아들의 시신을 짐승의 밥이 되도록 버려두라고 명령했다. 그러나 절대로 무덤을 만들어줘서는 안 된다는 크레온의 명령을 안티고네는 받아들일 수가 없었다. 그녀는 사랑하는 오빠의 시신을 몰래 거두어 장례를 치러주었고, 마침내 병사들에게 붙잡힌다. 끌려온 안티고네에게 크레온이 물었다.

"감히 왕의 명령을 어기다니! 시신을 묻어준 것을 인정하느냐?"

안티고네가 대답했다.

"물론입니다. 죽은 가족의 장례를 치러주는 것은 신의 율법입니다. 이를 지키는 것은 당연한 일이지요. 신의 법이 인간의 법보다 우선한다고 믿습니다."

크레온은 분노해 안티고네를 죽음의 동굴에 산 채로 매장하라고 명령했다. 동굴에 갇히자 안티고네는 결연히 목을 매달아 자살했다.

안티고네는 전통적인 가치를 따르는 6번 유형의 모습을 잘 보여준다. 남들이 비난할지라도 자기에게는 권위의 상징인 아버지를 끝까지 지키고 따른다. 또한 자신이 믿는 가치인 신의 법을 어떤 고난이 닥쳐도 충실히 따르려 한다.

안티고네의 저항은 평소 부드럽고 사람들에게 순응하며 두려움 많은 6번에게서는 볼 수 없는 행동이다. 그러나 6번은 때로는 커다란 용기를 발휘하기도 한다. 6번의 내면에는 자신이 믿는 가치나 사람에 대한 확신이 들면 불의에 항거하고 부도덕한 지도자에 반항해 분연히 일어날 수 있는 힘이 숨어 있다.

안티고네는 사실 불안했다. 오빠의 시신을 찾으러 가기 전에 여동생 이스메네에게 의견을 구했다. 그러나 이스메네는 이렇게 답하며 언니의 제안을 거절했다.

오이디푸스와 안티고네
샤를 프랑수아 잘라베르 | 1842년 | 루앙 미술관 소장

"우린 남자들이 지배하는 이 세상에서 남자들과 맞설 힘도, 영향력도 없어. 게다가 크레온처럼 한번 하겠다고 하면 하고야마는 폭군과 맞설 힘도. 우리가 할 일은 지금 지하에 누워 계시는 조상님들께 애원하며 용서를 구하는 것밖에 없어."

이스메네는 현재 왕의 권위에 짓눌려 그냥 현실의 권력에 복종하기를 선택했다. 그녀의 모습은 겁에 질려 수동적이고 무기력하게 행동하는 6번의 모습이다.

너무도 다른 이 자매를 통해 6번의 다양한 모습을 엿볼 수 있다. 겁에 질린 사슴 같기도 하고, 때로는 용감무쌍한 용사 같기도 하다. 이런 정반대의 모습도 모두 6번 유형에 해당한다. 이들은 불안하기 때문에 이랬다저랬다 한다. 겁먹은 사슴처럼 권력에 순응하기도 하고, 궁지에 몰린 쥐가 고양이를 물 듯 갑자기 대항하기도 한다. 작은 일에도 벌벌 떨며 두려워하던 6번이 예상 밖으로 큰일에서는 대범함을 보이는 경우가 있다. 이때 다른 유형들은 '정말 이 사람이 맞나' 라고 느끼게 된다. 그래서 6번은 가장 알기 어려운 유형이다.

다양한 모습 속에서도 이들이 6번임을 확인할 수 있는 방법은 행동의 동기를 살피는 것이다. 이처럼 다양한 모습의 배후에는 동일한 행동의 동기가 자리잡고 있다. 이들은 불안과 두려움에 의해 움직인다. 이들의 대부분의 행동은 '안전' 이라는 동기에서 비롯된다.

확신이 부족해 남은 물론
자기 자신도 의심한다

───────────── 프시케는 남편을 믿고 싶은 마음이 있었다. 그런데 언니들로 인해 생긴 의심이 그녀를 사로잡았다. 의심은 꼬리에 꼬리를 물고 그녀를 괴롭혔다. 결국 의심을 풀기 위해 프시케는 에로스를 배신했다. 언니들의 조언이라고 표현된 의심은 사실 프시케의 마음속에서부터 일어난 것이다.

6번은 무언가를 믿고 싶은 마음이 강렬하다. 아이러니하게도 그래서 의심한다. '진짜 확실히 믿을 만한가?' 라는 의심이 따라다닌다. 누가 어떤 말을 해도 한 번에 믿지 않는다. '정말 그럴까?', '이 사람을 믿어도 될까?' 라고 생각한다. 불안하고 두렵기 때문에 확실히 믿을 만한 것을 끊임없이 찾아다닌다. 다른 유형들에겐 확실한 것조차 이들에게는 불확실하다. 매사에 이렇게 질문을 던지고 있기에 아주 사소한 문제도 결정을 내리지 못한다. 그래서 이들은 우유부단하다. 재미있는 사실은 이들이 이렇게 불안해하면서도 그것을 타인에게는 들키고 싶어 하지 않는다는 점이다.

그래서 6번 유형은 걱정이 많다. 어떤 상황에서든 최악의 시나리오를 상상한다. 위험을 감지하는 레이더가 항상 풀가동하고 있다. '사람들이 나를 버려서 혼자가 되면 어쩌지?', '아침 출근길에 타이어가 펑크 나면 어쩌지?', '어두운 골목길에서 누가 따라오면 어쩌지?', '지진이 나면 어쩌지?' 등등. 그래서 이들은 탈출할 비상구를 찾아두고, 소화기 사용법을 익혀두며, 미래를 위해 저축을 한다.

어떤 6번은 자동차 블랙박스에 담긴 사고 장면들을 모아 방송해주는 프로그램을 열심히 보면서 대비하기도 하고, 또 다른 6번은 너무 무서워 절대로 그런 프로그램을 보지 않기도 한다. 그러나 이들은 실제로 큰 위기가 닥치면 의외로 담담하게 잘 견뎌낸다. 머릿속에서 이미 최악의 시나리오를 가정하고 시뮬레이션함으로써 극한의 공포를 느껴보았기 때문이다.

6번의 가장 큰 문제점은 타인에 대한 의심에 이어 자신도 의심한다는 점이다. 이들은 자기 확신이 부족해서 자신이 내리는 결정이 최선이라고 믿지 못한다. 그래서 권위자를 찾아 대신 결정을 내려주기를 바란다.

결국 프시케의 결정적인 실수는 자기 의심에서 시작된 것이다. 사랑을 확신하지 못했던 프시케는 에로스의 사랑을 떠나가게 했다.

의존과 독립 모두를 원하는 양가감정을 갖고 있다

제2장에서 언급했던 데메테르 신화를 살펴보면, 엄마 데메테르는 2번 유형이고 그녀의 딸 페르세포네는 6번 유형이다. 페르세포네는 처음에는 전적으로 엄마에게 의지하고 살았지만, 어느 순간부터 엄마의 과잉보호가 버거워졌다. 그녀가

데메테르에게서 탈출하고 싶은 마음이 점점 커져가고 있을 때 그녀의 미모에 반한 저승의 신 하데스에게 납치되었다. 그녀는 커다란 공포감을 느끼고 지하세계에서 물 한 모금 먹지 못한다. 그런데 막상 하데스가 그녀를 돌려보내려 하자 석류씨 한 알을 삼켜 엄마와 완전히 함께 살지 못하고 일 년의 삼분의 일은 지하에서 보내게 되었다. 석류씨를 삼킨 것은 하데스의 강압보다는 그녀의 의지가 더 컸다고 볼 수 있다. 그녀는 더 이상 엄마의 보호 아래서 수동적으로 살고 싶지 않았고, 그렇다고 엄마를 완전히 떠나기도 두려웠던 것이다.

인간은 어릴 때는 부모에게 완전히 의지한다. 엄마가 옆에 없으면 두려워 울고불고 찾아대던 아이는 조금씩 커가면서 부모에게서 독립해간다. 6번 유형은 마치 독립을 시작한 어린아이와 같은 면이 있다. 이들은 타인에게 의존하면서도 독립하고 싶어 하는 양가감정을 갖고 있다.

그럼, 왜 이런 감정이 생기는 것일까?

6번은 자기가 믿는 사람에게 의존해서 지원받기를 원하지만, 너무 가까이 다가가면 자기 자신이 없어질 것 같은 두려움을 느낀다. 상대에게 너무 잘해주다 보니 상대가 자신을 무시하는 것 같은 느낌을 받는다. 그래서 이때 자신을 보호하려고 상대에게서 멀어진다. 그런데 멀어지게 되면 자기 자신을 믿지 못하는 6번은 또 불안감을 느낀다. 그래서 또다시 다가간다. 너무 가까이 다가가 완전히 통제당할 것 같으면 다시 멀어진다. 이렇게 다가가고 멀어지기를 반복한다. 누군가 필요하지만 동시에 적절한 거리를 유지하고 싶어 하는 것이다.

2번 유형의 엄마들은 아이에게 한없이 다가가고 싶어 한다. 타인에게 온 관심이 쏠려 있는 이들은 아이의 일거수일투족을 다 알고 싶어 한다. 그런데 6번 유형의 아이는 엄마 말을 잘 듣고 잘 맞춰주다가도 엄마가 자신의 모든 것을 아는 것은 원치 않기 때문에 전부를 보여주지는 않는다. 어느 순간 '저에게 이제 그만 다가오세요'라는 메시지를 보낸다. 그러면 2번 유형의 엄마들은 자녀에게 매우 섭섭한 마음이 들어 이렇게 요구한다. "넌 무슨 비밀이 그렇게도 많니? 엄마한테 다 얘기해 주면 안 돼?"

자신감 부족으로
결정장애를 겪는다

1번 유형의 마음속에 '내면의 심판관'이 있다면, 6번 유형에게는 '내면의 위원회'가 있다. 자신에 대한 확신이 없는 6번은 결정 내리기를 두려워한다. 내 안에 답이 없다고 생각하기 때문에 외부에서 답을 찾으려 한다.

무언가 결정해야 할 중요한 일이 생기면 이들은 주변에 신뢰할 만한 친구, 선배, 선생님, 부모님을 만나기 시작한다. 이들이 6번의 '위원회 구성원'이다. 이들은 상대에게 "이 문제에 대해 어떻게 생각하세요? 제가 어떻게 하면 좋을까요?"라고 의견을 구한다.

만약 직접 의견을 듣지 못한다 하더라도 6번은 마음속에서 위원회를 열어 이들의 반응을 추측해본다.

6번은 한 명에게서 답을 듣더라도 확실히 신뢰하지는 않는다. 답이 나올 때마다 일단 의심을 한다. 확실한 답을 원하기 때문이다. 만약 위원회 구성원들의 의견이 서로 다를 경우 무엇을 선택해야 하는지 이들에게는 또 다른 고민거리가 된다. 그래서 이들은 남들의 의견을 구하고도 쉽게 결정을 내리지 못한다. 의문에 대한 답을 자신이 의지하는 사람에게서 구하려 하는 습관 때문에 이들은 무엇도 결정하지 못하는 결정장애에 시달리곤 한다.

6번 유형이 잘하지 못하는 한 가지가 있다. 자신의 내면으로부터 나오는 목소리를 듣는 일이다. 자신감이 없기에 그것을 두려워한다. 그러나 6번은 내면의 위원회가 없어져야 자기 목소리를 들을 수 있다. 험난한 모험을 겪으며 최고의 영웅이 되었지만 내면의 목소리를 듣지 못하고 의심 때문에 말년이 불행했던 인물이 있다. 바로 그리스 신화의 영웅 이아손이다.

장점인 충실함을 버리면 지나치게 계산적인 행동으로 인간관계에서 실패하게 된다

────── 이아손은 삼촌에게 억울하게 빼앗긴 왕위를 되찾기 위해 황금양피를 찾으러 모험을 떠났다. 혼자서는 불안했던 이아손은 그리스 최고의 영웅 50명을 모아 항해를 시작했다.

그러나 황금양피가 있는 콜키스로 가는 동안 이아손은 어려움을 만날 때마다 의심하고 두려워하며 우유부단한 모습을 보인다. 모험 도중 만난 눈먼 예언자가 배에 충돌해오는 큰 바위 사이를 지나갈 때 조심하라고 경고하자, 두려움에 휩싸인 이아손은 일행에게 죽을 것이 분명한 이 어려운 항해 대신 뱃머리를 돌려 집으로 돌아가는 것이 어떻겠냐고 묻는다. 무사히 큰 바위들을 벗어난 이후에도 함께한 영웅들에게 "살아서 돌아갈 수 있을까? 일이 잘 못되면 어쩌지? 내가 괜히 황금양피를 찾으러 가겠다고 한 건 아닐까?"라고 끊임없이 물으며 걱정한다. 그에게는 확신이 부족했다. 그러다 2번 유형 메데이아를 만나 그녀의 도움을 받아 결국 황금양피를 찾아 영웅이 된다.

황금양피를 찾아오는 모험에서 이아손은 혼자 힘으로 한 일이 아무것도 없었다. 자신을 시험하는 여러 모험을 통과해 나가면서도 그 과정 동안 성숙하지 못했다. 헤라클레스처럼 자신의 힘으로 위기를 견딘 것이 아니라 여러 사람의 도움을 받아 역경을 헤쳐 나갔기 때문이다. 6번 유형 이아손은 고난과 위기를 스스로 헤쳐 나가기보다 다른 영웅들과 아내 메데이아에게 끊임없이 의존했다. 그런데 이아손은 늘 도움을 받고도 그 모든 것이 자신의 업적이라고 착각했다. 급기야는 자신을 위해 모든 것을 버렸지만 이제 쓸모없어진 메데이아마저 버리고, 현재의 권력자 딸과 결혼해 새로이 야망을 펼치려고 했다. 왕에게 잘 보이기 위해 영웅의 이미지를 활용하고, 그것이 성공해 왕이 자신을 사위로 맞아들이려 하자 메데이아를 거짓말로 설득했다. "이 결혼은 나만의 안위를 위한 것이 아니라 당신과 우리 아이들을 위한 것이오."

6번이 스트레스 상황에 계속해서 노출되면 건강하지 않은 3번의 행동을 한다. 그 상황에 적응해 안전한 상태가 되기 위해 3번처럼 이미지를 활용하기 시작한다. 3번이 어느 자리에서든 그에 걸맞은 이미지로 사람들에게 받아들여지는 모습을 보고 6번도 그렇게 되기 위해 노력한다. 그러나 이는 마치 맞지 않는 옷을 입은 것처럼 6번에게는 부자연스럽다. 이들이 더 건강하지 못한 상태가 되면 6번의 무기인 충실함을 버리고 편법을 쓰며, 정치적이고 계산적인 모습을 보인다. 오로지 자신의 안전을 위해 수단과 방법을 가리지 않고 비양심적인 행동을 하며 실속 없는 사람이 되어간다.

스트레스를 견딜 수 없어 건강하지 않은 3번의 행동을 보였던 이아손은 결국 결혼할 신부도, 자기를 인정해주었던 왕도, 조강지처 메데이아도, 자기 자식들도 지키지 못했다. 그리고 자신은 쓸쓸하게 비참한 죽음을 맞이했다.

문제에 대한 최고의 답은
언제나 자기 자신에게 있다

─────────────── 프시케의 이야기로 다시 돌아가보자. 의심 때문에 에로스를 떠나보냈던 프시케는 그를 되찾기 위해 시어머니

아프로디테를 찾아갔다. 아프로디테는 프시케를 시험하기 위해 네 가지 과제를 내는데, 이는 모두 인간의 힘으로는 불가능한 일이었다. 그러나 이미 사랑을 한 번 잃어버린 프시케는 용감하게 과제에 도전했다.

그녀는 첫 번째 과제에서 개미의 도움을 받아 뒤섞인 곡식을 분류하며 중요한 일과 그렇지 않은 일을 구분하는 법을 배웠다. 6번에게는 외부에서 들려오는 목소리를 구분하는 것이 중요하다. 그것을 나의 내면에 받아들일지 그렇지 않을지를 스스로 구별해내야 한다.

두 번째 과제인 무서운 양에게서 황금양털을 얻어내는 일에서는 푸른 갈대의 도움으로 두려운 존재에게 정면으로 무모하게 맞서지 않고도 원하는 것을 얻는 법을 알아간다. 사나운 숫양에게 달려들 수도 있지만 갈대는 양이 쉬고 있을 때 조용히 다가가 털만 얻어오는 방법을 알려주었다. 공포에 대항하거나 도망가는 것이 아니라 두렵다는 사실을 인정하고 지혜롭게 공포를 이용하는 법을 배우게 된 것이다.

절벽 시냇물에서 크리스탈병을 채우라는 세 번째 과제를 받은 프시케는 독수리의 도움으로 과제를 수행하고 멀리서 전체를 바라볼 수 있는 능력을 키운다. 사소한 것도 크게 걱정하고 우유부단한 6번에게는 큰 그림을 보는 새로운 관점이 필요하다.

마지막은 지하의 페르세포네를 만나 화장품을 얻어오는 일이었다. 인간으로서 지하세계로 내려갔다 지상으로 살아서 돌아올 수 있을까 걱정하는 프시케에게 높은 탑이 조언을 한다. "주변의 목소리를 듣지 말고 앞으로 나아가세요." 이 과제는 마음 약한 프시케에게는 특히 어려웠지만 그녀는 마침내 해냈다. 그러면서 그녀는 단호한 내면의 목소리를 따라 결국 스스로 해결해야 한다는 사실을 깨닫는다.

네 개의 과제를 수행한 프시케는 연약하고 누군가에게 의존하기만 했던 이전의 그녀와는 달라졌다. 타인의 조언을 적절히 받아들이면서 자신의 능력을 길렀다. 그녀의 성장을 옆에서 지켜본 에로스는 그제야 프시케의 사랑을 깨닫고 제우스에게 간청해 어머니 아프로디테의 마음을 돌리게 했다. 마침내 아프로디테의 마음도 열려 프시케는 영원히 죽지 않는 신이 되어 에로스와 정식으로 결혼해 '기쁨'이라는 딸을 낳았다.

이렇게 프시케는 성장했지만, 6번의 성장에 가장 큰 걸림돌은 남에게 의존하는 것이다. 누군가에게 기대 서 있는 것이 편안하다는 사실을 잘 알고 있는 6번은 이 유혹에 자주 넘어간다. 그러나 이제는 남에게 기대지 말고 자기 자신에게 기대보자. 자기 자신에 대한 믿음이 무엇보다 중요하다.

그러기 위해서는 외부의 목소리를 내면으로 옮기지 말고 차단할 수 있어야 한다. 받아들이지 말라는 의미가 아니라 내면으로 옮겨와 시끄럽게 떠들어대는 목소리들을 잠재우는 일이 필요하다는 말이다. 무언가 결정해야 할 일이 있을 때 다른 사람의 조언을 구하러 다니지 말고 자신의 목소리를 들어보자. 그냥 자신이 느끼는 대로 결정해도 괜찮다. 그리고 자신의 결정을 스스로 믿을 수 있어야 한다. 모든 가능성을 검토해보아야 결정을 내릴 수 있는 것은 아니며, 선택을 하나 잘못했다고 해서 모든 것이 무너지는 것은 아니다. 때로는 그 선택이 새로운 경험으로 이끌어줄 수도 있고, 그 경험이 그리 나쁘지 않을 수도 있다. 그러니 눈치 보지 말고 아주 작은 것부터 대범하게 결정하는 자세가 필요하다.

답은 언제나 내 안에 있다는 사실을 기억하자.

이미 내면에 존재하고 있는 용기를 인식하라

──────────── 6번이 자신을 믿게 된다면, 이제 이들은 확신을 가지고 자신이 몸담은 조직과 주변 사람들을 위해 용기를 내게 된다. 불안과 두려움이 많은 6번으로서는 상상할 수 없겠지만, 조직 전체가 위험에 빠지거나 큰 난관에 부닥치면 평소에 나서지 않던 6번의 용기가 드러난다. 때로는 희생이 필요할지라도 이들은 공동체를 위해 떨쳐 일어난다. 주변의 약한 사람을 보호하기 위해 강한 권력자에 맞서기도 하고, 자신을 드러내지 않으면서도 강한 리더십으로 사람들을 잘 이끌어간다.

〈일리아드〉의 저자 호메로스는 트로이 전쟁에서 명장 아킬레우스에 맞서 싸웠던 헥토르를 매우 용기 있는 인물로 묘사한다. 뒤의 8번 유형에 등장할 아킬레우스는 용맹을 타고난 영웅이었지만, 헥토르는 두려움이 많은 6번 유형의 인물이었다. 그러나 헥토르는 두려움을 넘어선 진정한 용기로 전쟁에 참가했다. 그 이유는 가족과 자신의 공동체를 지키기 위해서였다. 6번이 용기를 낼 때는 바로 이럴 때다. 죽음을 두려워했지만 나서야 할 때를 알았던 헥토르는 마지막 전투에 나서기 전에 어머니가 건네준 포도주도 자신을 나태하게 만들 수 있다며 뿌리쳤다. 또한 적군에 맞서지 말라는 아내의 조언에 "나는 백성보다 당신을 더 걱정하오. 허나, 이게 운명이니 어찌하오"라고 말하며 전장을 향했다. 그는 이때 이미 자신의 죽음을 예감하고 있었지만, 그럼에도 공동체를 위해 희생을 감수하고 적에 맞섰다. 그는 다른 어떤 영웅들보다도 진정한 용기로 빛나는 인물이다.

그리고 《오즈의 마법사》에서 6번 유형을 발견할 수 있다. 겁이 너무 많아 용기를 갖고 싶다던 겁쟁이 사자는 오즈의 마법사를 만나러 가는 길에 큰 위험이 닥칠 때마다 친구들을 위해 용감히 나서서 문제를 해결한다. 그리고 마지막엔 그토록 원하는 용기가 실은 자신 안에 이미 존재하고 있었음을 깨닫는다.

본인이 사자라는 사실을 잊지 않고 필요할 때마다 용기를 꺼내서 쓰고 있었다는 사실을 인지하면 6번은 흔들림 없고 편안하고 건강한 9번 유형처럼 될 수 있다. 머리에 온 에너지가 집중되었던 6번이 본능형인 9번처럼 몸의 목소리를 듣게 되어 직관을 믿을 수 있게 된다. 그러면 스스로 안정감을 느끼며 세상에 대한 긴장을 풀 수 있다. 끊임없이 우왕좌왕하던 마음속에서 뚜렷한 자신의 주관을 인식하게 되며, 또한 다른 사람에게도 확신을 줄 수 있는 든든한 사람이 된다.

6번 유형 유재석이 보여주는
성실함의 리더십

━━━━━━━━━━ 큰 목소리로 자신을 내세우지 않으면서도 사람들이 믿고 따르게 하는 능력은 누구나 갖고 싶은 리더십이 아닐 수 없다. 그런 능력을 갖고 있는 사람이 있다. 국민 MC라고 불리는 개그맨 유재석이 그러하다. 방송에 나오기만 하면 스타가 될 줄 알았다는 그는 다른 개그맨들처럼 화려한 개인기도 없었고, 카메라 울렁증에 콤플렉스까지 있어 데뷔 초기에는 그다지 눈에 띄지 않았다. 그는 10년간의 무명생활을 버티며 남들보다 튀려고 노력하지는 않았지만 이렇게 다짐했다고 한다. '항상 겸손하고 성실한 모습을 보여주자.'

어떻게 보면 대단한 다짐은 아니지만 그럼에도 그의 다짐이 우리에게 의미 있게 다가오는 이유는 그가 톱스타의 자리에 오른 이후에도 변함없이 그것을 지켜오고 있기 때문이다. 이것이 바로 6번의 힘이라고 생각한다. 성실하고 겸손하며 꾸준하게 최선을 다하는 모습은 누구도 따라올 수 없는 6번의 장점이다. 일인자라고 불리는 지금도 변함없는 모습을 보여주는 그를 볼 때마다 많은 사람이 감동받고 닮고 싶어 한다.

그가 무한도전에서 보여주는 '나보다 우리'를 생각하는 마음과 공동체를 위해 희생하는 자세는 무명시절부터 꾸준히 쌓아온 자신감이 있기 때문일 것이다.

"그냥 하면 되는데 미래에 대한 걱정을 하느라 아무것도 못하고 멍하니 보낸 시간이 후회된다"고 말한 유재석이 무한도전에서 자신의 이야기로 써내려간 노래 〈말하는 대로〉의 가사에는 6번으로서의 고백과 6번 유형을 위한 조언이 담겨 있다. 미래에 대한 불안과 걱정으로 흔들리기도 하지만, 그럼에도 자기 내면의 이야기를 들어보기로 용기를 내고, 자신을 믿고 스스로 만든 길을 가고 있는 성장 스토리가 잘 녹아 있다.

〈말하는 대로〉

나 스무살 적에 하루를 견디고 불안한 잠자리에 누울 때면

내일 뭐하지 내일 뭐하지 걱정을 했지.

두 눈을 감아도 통 잠은 안 오고 가슴은 아프도록 답답할 때

난 왜 안 되지 왜 난 안되지 되뇌었지.

말하는 대로 말하는 대로 될 수 있다곤 믿지 않았지 믿을 수 없었지.

마음먹은 대로 생각한 대로 할 수 있단 건 거짓말 같았지 고개를 저었지.

그러던 어느 날 내 맘에 찾아온 작지만 놀라운 깨달음이

내일 뭘 할지 내일 뭘 할지 꿈꾸게 했지.

사실은 한 번도 미친 듯 그렇게 달려든 적이 없었다는 것을.

생각해봤지 일으켜 세웠지 내 자신을.

말하는 대로 말하는 대로 될 수 있단 걸 눈으로 본 순간 믿어보기로 했지.

마음먹은 대로 생각한 대로 할 수 있단 걸 알게 된 순간 고갤 끄덕였지.

마음먹은 대로 생각한 대로 말하는 대로 될 수 있단 걸 알지 못했지 그땐 몰랐지.

이젠 올 수도 없고 갈 수도 없는 힘들었던 나의 시절 나의 20대.

멈추지 말고 쓰러지지 말고 앞만 보고 달려 너의 길을 가.

주변에서 하는 수많은 이야기 그러나 정말 들어야 하는 건 내 마음속 작은 이야기.

지금 바로 내 마음속에서 말하는 대로.

말하는 대로 말하는 대로 될 수 있다고 될 수 있다고 그대 믿는다면

마음먹은 대로 생각한 대로 도전은 무한히 인생은 영원히 말하는 대로 말하는 대로.

6번 유형이 성공적인 인간관계를 만들려면

최악을 상상하고 쉽게 두려움에 휩싸이는 6번은 지금 당장 걱정과 의심을 멈추어야 한다. 6번은 최악의 상황을 맞지 않기 위해 꼼꼼히 준비하고, 주변 사람이 자신만큼 성실히 움직여주기를 바라는 마음에서 끊임없이 잔소리를 하며 상대를 괴롭히는 경향이 있다. 그러나 6번의 머릿속에서 일어나는 최악의 상황은 상상 속에서만 일어나는 일임을 알 필요가 있다. 어니 J. 젤린스키는 《모르고 사는 즐거움》에서 이렇게 말했다. "우리 걱정의 40퍼센트는 절대 현실로 일어나지 않고, 30퍼센트는 이미 일어난 일에 대한 걱정이며, 22퍼센트는 사소한 고민, 4퍼센트는 우리 힘으로 어쩔 도리가 없는 일에 대한 것이다."

결국 걱정의 4퍼센트만이 우리가 바꿀 수 있는 일인데, 6번은 96퍼센트의 걱정으로 자신과 주변 사람들을 힘들게 할 때가 많다. "걱정하고 준비해서 나쁠 것이 뭐가 있냐?"고 묻는 6번이 있다면, "걱정을 해서 걱정이 없어지면 걱정이 없겠네"라는 티베트 속담을 전하고 싶다. 걱정한다고 해결되는 일은 아무것도 없고, 걱정에서 나오는 잔소리와 상대에 대한 통제가 주변 사람들까지 힘들게 할 뿐이다.

또한 자기만큼 성실하지 않은 상대를 보는 것이 6번에게는 큰 스트레스다. 그러나 융통성을 발휘할 필요가 있다. 6번의 성실함을 따라갈 만한 사람은 없으며, 지금 상대의 노력이 그의 입장에서는 최선일 수 있음을 이해해보자.

6번은 사람과의 관계에서 불편해질까 봐 마음에 들지 않는 점이 있어도 표현하지 못하고 마음속에 불만을 쌓아놓는 경우가 많다. 겉으로는 웃으며 잘 지내지만 불만이 있는 상태에서 그 관계가 지속된다면 자신에게도, 상대에게도 의미 있는 관계가 되기는 어려울 것이다. 관계의 지속성을 위해서라도 불편한 점에 대해 마음속에 쌓아두지 말고 상대에게 정확하게 이야기할 필요가 있다.

당신 주변에 6번 유형이 있다면

걱정과 불안이 많은 6번은 무조건 자신을 신뢰해줄 사람을 원한다. 6번과의 관계에서는 '우리 사이는 괜찮다'는 믿음을 지속적으로 심어줄 필요가 있다.

6번은 불안할수록 잔소리가 심해진다. 그러나 그것은 상대에 대한 불만의 표현이라기보다는 자신의 불안의 표현이기에 너그럽게 받아들일 필요가 있다. 사실 잔소리를 하는 6번은 말로 표현하는 것의 몇 배는 더 불안에 시달리고 있을 것이다. 예를 들어 배우자에게 병원에 가보라고 끊임없이 잔소리하는 6번의 머릿속에는 상대가 이미 중병에 걸려서 죽을지도 모른다는 공포로 가득 차 있는 것이다.

6번은 특유의 불안함을 덜어주는 사람과 함께 있고 싶어 한다. 그래서 가급적 예기치 못한 상황을 만들지 말고 안정감을 느끼도록 해 주는 것이 중요하다. 그리고 이들이 불안해할 때 그 감정에 공감해주되, 걱정하는 일이 대부분 실제로 일어나지 않는다고 안심시켜 주면 좋다.

확실한 것도 의심하는 6번이기에 이들에게는 표현도 확실하게 하고, 뭔가 꿍꿍이가 있다고 느껴지지 않도록 솔직 담백하게 이야기하는 편이 좋다.

확실한 신뢰관계가 구축되었다고 느낄 때 6번은 소심했던 모습을 깨고 오히려 과감하게 결단하며 행동하는 새로운 모습을 보여준다는 점을 기억하자.

제7장

7번 유형 낙천가 – 에로스
세상의 모든 즐거움을 맛보고 싶어요

7번 유형 에로스는 왜 사랑의 화살을
아무 데나 쏘는 것일까?

———————— 미의 여신인 아프로디테의 아들은 사랑의 신
인 에로스다. 에로스의 탄생 스토리는 일곱 가지 버전이 있다. 그
중 가장 정설로 인정받는 것은 아프로디테와 헤르메스 사이에서
에로스가 태어났다는 이야기다. 헤르메스는 전령의 신이고 아프
로디테는 미의 여신이자 사랑의 여신이다. 에로스는 신화 속에서
사랑을 심어주는 사랑의 메신저로 표현된다. 사랑이 갖고 있는 속
성을 표현하기 위해서인지 다른 신들과 달리 에로스는 천진난만
한 아이의 모습으로 등장한다. 에로스가 장난처럼 던진 화살을 맞

고 신들과 요정들은 영문도 모른 채 사랑에 빠져 버린다.

사랑에 빠지면 뇌에서 도파민이 나온다고 한다. 그래서 사랑에 빠진 상태를 흔히 '이성이 마비되었다', '눈에 콩깍지가 씌었다' 라고 묘사한다. 사랑을 하게 되면 상대를 보고만 있어도 먹지 않아도 배가 부르고, 보고 있어도 보고 싶다고 말하는 상태가 된다. 또는 구름 위를 둥둥 떠다니는 기분이라고 표현한다. 사랑하는 상대 그 존재만으로도 행복해지고, 사랑하는 사람을 위해서라면 목숨도 버릴 수 있게 만드는 열정을 불러일으키는 것이 사랑이다. 이렇듯 사랑은 우리가 살아가는 동안 그 무엇과도 비교할 수 없는 행복감과 쾌락, 열정을 느끼게 한다.

그러나 정작 사랑의 신인 에로스는 자신이 마음 내키는 대로, 혹은 엄마인 아프로디테가 원하는 대로 이리저리 사랑의 화살을 쏜다. 아마도 에로스는 자신이 쏜 화살을 맞고 벌어지는 다채로운 사랑의 모습을 즐기고 있는 것이리라.

세상에 다양한 사람들이 존재하듯, 사랑하는 모습도 다양하다. 그러나 이 모든 형태의 사랑을 관통하고 있는 힘은 바로 열정과 그 무엇과도 비교할 수 없는 행복감이라 할 수 있다. 에로스는 다른 이들을 사랑에 빠지게 해서 그들을 행복하게 만들기도 하고, 폭풍과 같은 열정을 불어넣기도 한다. 에로스는 사랑의 열정에 휩싸인 신들을 보며 살아 있음을 느끼는 존재인 것처럼 보인다.

에로스는 바로 7번 유형의 상징이다. 7번 유형은 아이처럼 호기심 가득한 눈으로 즐거운 일을 찾아다닌다. 또한 열정과 긍정적인 마인드로 주변 사람들을 즐겁게 해주는 능력을 갖고 있다. 마치 에로스처럼 자신과 타인을 행복하게 해주는 사람이다.

구속과 속박을 싫어하는
자유로운 영혼

━━━━━━━━━━ 다른 사람을 사랑에 빠트리는 에로스가 순간의 실수로 자신이 사랑에 빠져 버린 유일한 상대가 프시케다. 6번 유형을 설명할 때 언급한 에로스와 프시케의 러브스토리를 다시 한 번 살펴보자.

7번 유형인 에로스는 점점 자신에게 마음을 주고 있는 프시케에게서 답답함을 느끼게 된다. 6번 유형인 프시케에게는 자신이 사랑하는 남편이 누구인지 모르는 상태가 지속된다는 것이 지옥이나 다름없는 생활이었을 것이다. 6번은 늘 자신을 안전하게, 온전하게 보호해줄 누군가를 찾아다닌다. 이런 프시케가 자신에 대한 의혹을 벗어던지고 온전히 자신에게 모든 것을 맡기고자 하는 욕구를 에로스는 예상한 것이다.

에로스는 그 어느 곳에도 속박되고 싶어 하지 않는 독립적이고 자유로운 영혼의 소유자다. 프시케가 연인에 대해 어떻게 변해갈 것인가를 알고 있었던 에로스는 자신의 모습을 온전히 드러내지 않고 밤에만 나타나 사랑을 나누고 새벽에 사라지는 방식을 선택했다. 7번 유형은 이렇듯 어딘가에, 누군가에게 구속당하는 것을

에로스와 프시케
프랑수아 에두아르 피코 | 1817년 | 루브르 박물관 소장

매우 싫어하는 자유분방한 사람들이다.

그렇게 경고를 했음에도 의심을 벗어던지지 못한 프시케가 금기사항을 어기고 자신의 존재를 알게 되자, 에로스는 뒤도 돌아보지 않고 매몰차게 프시케를 떠났다. 이 역시 사고형의 특성이라 할 수 있다. 감정형들에게는 너무나 힘든 일이지만, 자신의 행복과 욕구를 중요시하는 머리형인 7번은 자신의 행복과 욕구를 방해하는 것이 있으면 냉철하게 정리해 버린다. 사람에게도 마찬가지다.

인간의 본성을 거스르는 대표적인 제도가 '결혼'이라고 많은 학자가 말한다. 연애는 인간의 영역이고 결혼은 신의 영역이라고 표현하는 사람도 있다. 그만큼 한 사람과 몇십 년을 산다는 것은 인간이 갖고 있는 특성상 7번이 아닌 모든 유형에게도 쉽지 않은 일이다. 특히 자유분방한 영혼의 소유자인 7번 유형에게는 가정을 책임지고, 자유를 구속하는 결혼이라는 제도에 적응하는 일이 결코 쉽지 않다. 프시케의 사랑을 부담스러워하며 떠난 에로스가 보여준 모습처럼 말이다.

세월이 흘러도 마음속의
피터 팬이 사라지지 않는다

요즘 우리나라는 세계에서 가장 결혼률이 낮고, 출산율도 최하위이면서 가장 장수하는 나라가 되었다. 이러한 우리 사회의 단면을 보여주는 프로그램이 인기를 끌고 있다. 바로

〈미운 우리 새끼〉다. 20대 중반이면 결혼을 하고 아이를 낳는 것이 일종의 사회적 규범으로 받아들여지던 시대가 완전히 저물고 그것을 자연스런 현상으로 받아들이고 있음을 이 프로그램을 보면서 공감하게 된다. 이 프로그램은 결혼 적령기를 훌쩍 넘긴 연예인들의 일상을 그들의 어머니들과 시청자들이 함께 관찰하는 내용이다. 여기에 등장하는 아들 중 가장 나이 많은 노총각이지만, 가장 어린아이와 같은 모습을 보여주는 인물이 있다. 바로 가수 김건모다. 그는 전형적인 7번의 모습을 보인다.

김건모는 하늘의 뜻을 저절로 깨우친다는 지천명의 나이, 50을 넘어가고 있다. 그러나 그에게서는 일반적인 중년 남성의 모습을 찾아보기 어렵다. 김건모를 보면 영원히 자라지 않는 마음속의 피터 팬이 느껴진다.

그가 7번의 모습을 보여주는 두 가지 에피소드가 있다. 하나는 소주병 300여 개로 크리스마스트리를 만들었던 일이다. 매년 돌아오는 크리스마스는 인생의 후반전에 접어든 중년세대에게는 일반적으로 설레임이나 감흥이 그다지 느껴지지 않는 그냥 하루 쉬게 되는 연말의 휴일 중 하나일 것이다. 그러나 그는 50번째 맞이하는 성탄절을 자신만의 독특하고 기발한 아이디어로 남다르게 보냈다. 자신이 좋아하는 소주병으로 멋진 트리를 만들고 그 앞에서 마치 어린아이처럼 흥겹게 춤을 추었다. 어린 시절 성탄절을 손꼽아 기다리며 산타 할아버지가 양말에 무슨 선물을 가져다주실까 상상하며 보냈던 아이의 얼굴이 그의 얼굴에 오버랩되는 순간이었다.

또 하나의 사건은 대왕김밥 사건이었다. 그는 매니저를 집으로 불러 달걀 한판, 소시지 5봉지, 쌀밥 두 솥, 게맛살 7봉지, 시금치 7단, 홍당무 8개로 김밥을 만들겠다고 말했다. 이렇게 어마어마한 재료를 갖고 그는 모두의 예상을 깨고 한 줄의 대왕김밥을 만들었다. 대략 80인분의 김밥재료를 갖고 5시간에 걸쳐 만든 대왕김밥은 지름 20센티가 족히 넘어 보이는 엄청난 김밥이었다. 쉰이 넘은 그가 만든 대왕김밥을 신세대 아이돌 스타들이 먹으면서 놀라는 모습도 함께 방송되었다. 후배들이 자신이 만들어 준 김밥을 먹는 모습을 보면서 흐뭇해하는 그의 모습은 신세대 아이돌보다 더 천진난만한 모습이었다.

그리스 신화에 등장하는 에로스는 어린아이의 모습이다. 7번의 어린아이 같은 모습을 보는 다른 유형들은 웃지 않을 수 없다. 이는 7번의 가장 큰 강점이기도 하다. 이들은 인생에 비극이란 존재하지 않는 것처럼 천진난만한 어린아이와 같은 모습으로 살아간다. 다른 유형이 따라올 수 없는 기발함과 독특함으로 주변 사람들에게 유쾌한 웃음을 선사한다. 이들의 모습을 보고 있자면 사람들의 영혼에 때를 입히는 세월이라는 존재에 저항하며 자신의 순수함과 유쾌함을 빼앗기지 않으려는 열정을 느낄 수 있다.

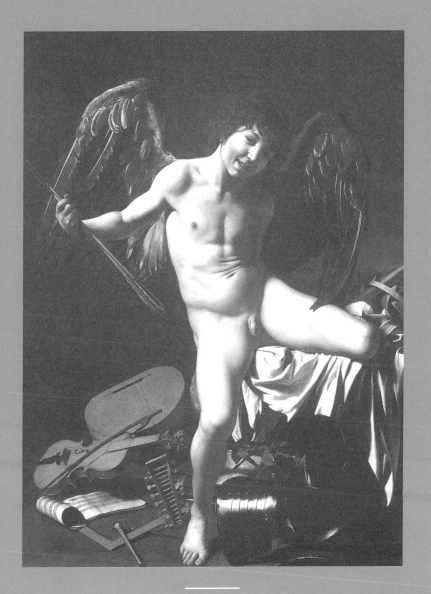

승리자 아모르

미켈란젤로 메리시 다 카라바조 | 1602~1603년 | 베를린 국립 회화관 소장

삶의 밝은 면을 바라보는
긍정주의자

———————— 7번 유형은 인생을 즐기러 이 세상에 온 사람
들이다. 이들은 인생이란 신이 주신 선물이라고 생각하며 늘 즐겁
게 생활한다. 세상을 즐기기 위해 온 이들의 눈에 세상이 부정적
으로 보이기는 힘들다. 어떤 사람을 만나더라도 즐거워야 하는
7번에게는 상대가 갖고 있는 부정적인 면보다는 긍정적인 면이
눈에 들어온다. 세상을 완벽하게 고치려고 하는 1번과는 대척점
에 있다고 할 수 있다.

이들은 사람을 만나면 그 사람의 장점을 먼저 보고, 자신이 본
장점을 솔직하게 표현한다. 7번은 가슴형과 유사하게 칭찬을 잘
하는 유형에 속한다. 그러나 내면을 들여다보면 차이점이 있다.
가슴형은 자신의 이미지 관리를 위해 타인을 칭찬하는 경향이 있
고, 7번은 그러한 계산 없이 솔직하게 상대의 장점을 인정하고 칭
찬을 하는 경향이 있다.

우리가 살면서 겪는 스트레스의 대부분이 인간관계에서 오는
경우가 많다. 한 조사에 따르면 직장을 퇴사하는 원인 중 1위가
인간관계 때문이라는 결과가 나왔다. 일이 힘든 것보다 사람을 견
디는 것이 더 힘들다는 말이다. 상대에게 서운함을 느끼고 상처받
는 일의 대부분은 나의 선의를 상대가 왜곡하고 부정적으로 받아
들이는 데서 비롯된다. 처음 보는 사람을 대할 때 상대의 선의와
장점을 보려고 한다는 점에서 7번은 기본적으로 긍정적인 인간관

계의 프레임을 갖고 있다. 여기에 유머러스함이 더해지기 때문에 첫 만남에서 상대에게 좋은 인상을 주고 사람들과 쉽게 친해지는 능력의 소유자들이다.

긍정적인 면을 보려는 이들의 태도는 자신들이 힘든 상황에 처해 있을 때 빛을 발한다. 7번 유형은 힘든 상황에서도 힘들다고 느끼기보다 긍정적으로 생각하고 좋은 면을 찾아내는 능력이 탁월하다. 이것이 가능한 이유는 7번 유형은 이 세상에 인생을 즐기기 위해서 왔기 때문이다.

김정운 교수는 "걷는 놈 위에 뛰는 놈, 뛰는 놈 위에 나는 놈, 나는 놈 위에 있는 놈은 바로 노는 놈!"이라고 말했다. 놀면서 즐기는 사람을 당해낼 자는 없다는 말이다. 즐기면서 사는 삶을 최고의 가치로 여기는 7번의 철학을 엿볼 수 있는 말이다.

우리는 상상만으로도 힘든 상황에 처해 있음에도 긍정적인 마인드를 유지하는 사람들을 볼 수 있다. 절망적인 상황을 이겨낸 그들의 긍정성을 보고 많은 사람이 감동하고 용기를 얻기도 한다. 최근 한 대학의 교수로 부임하게 된 이지선 씨가 대표적이다. 그녀는 한창 예쁠 나이인 스물세 살 때 음주운전자가 낸 7중 추돌사고로 온몸의 반 이상을 3도 화상을 입었다. 게다가 얼굴도 심하게 화상을 입어 사회생활도 어려울 정도가 되었다. 그러나 그녀는 40번이 넘는 대수술과 힘든 화상치료를 이겨내고 책을 출간하고 2016년에는 미국 UCLA 대학에서 장애인 관련 연구로 박사학위를 받았다. 그녀의 끊임없는 도전과 노력하는 모습을 통해 많은 사람이 희망과 용기를 얻고 현재의 자신의 삶을 감사하게 받아들이는 법을 배우게 되었다. 그녀는 자신의 책《지선아 사랑해》에 이렇게 썼다.

짧아진 여덟 개의 손가락을 쓰면서 사람에게 손톱이 얼마나 중요한 것인지 알게 되었고, 1인 10역을 해내는 엄지손가락으로 생활하고 글을 쓰면서는 엄지손가락을 온전히 남겨주신 하나님께 감사했습니다. 눈썹이 없어 무엇이든 여과 없이 눈으로 들어가는 것을 경험하며 사람에게 이 작은 눈썹마저 얼마나 필요한 것인지를 알았고, 막대기 같아져버린 오른팔을 쓰면서 왜 하나님이 관절이 모두 구부러지도록 만드셨는지, 손이 귀까지 닿는 것이 얼마나 중요한 일인지 깨달았습니다. 온전치 못한 오른쪽 귓바퀴 덕분에 귓바퀴란 게 귀에 물이 들어가지 않도록 하나님이 정교하게 만들어주신 거라는 사실을 알게 되었고, 잠시지만 다리에서 피부를 떼어내 절뚝절뚝 걸으면서는 다리가 불편한 이들에게 걷는다는 일 자체가 얼마나 힘든 것인지 느낄 수 있었습니다. 무엇보다도 건강한 피부가 얼마나 많은 기능을 하는지, 껍데기일 뿐 별것 아니라고 생각했던 피부가 우리에게 얼마나 소중한 것인지 알게 되었습니다.

너무나 비천한 사람으로, 때로는 죄인으로, 얼굴도 이름도 없는 초라한 사람으로 대접받는 그 기분 또한 알 수 있었습니다. 이제는 지난 고통마저 소중하게 느껴집니다. 그 고통이 아니었다면 지금처럼 남들의 아픔에 진심으로 공감할 가슴이 없었을 테니까요.

물론 그녀가 사고 이후 지옥 같은 삶 속에서도 무너지지 않은 것은 신앙생활과 가족들의 사랑에 힘입어 그녀에게 긍정성이 생겨난 덕분일 수도 있다. 하지만 인생의 고해를 경험해보지 못했던 젊은 그녀가 상상 이상의 고통 속에서 감사함을 온몸으로 절절하게 느끼게 되었다는 내용을 보면서, 그녀는 선천적으로 긍정성을 타고난 건강한 7번이라는 생각이 들었다. 동시대를 살아가는 사람들에게 그녀의 존재 자체만으로도 가치를 느끼게 해주는 성숙한 7번인 것이다.

전 세계적으로 재앙이 일어나는 곳에 가장 먼저 발 벗고 달려가는 사람들을 보면 사람들에게 사랑을 나눠주는 2번 유형일 것이라고 생각할 수 있지만, 참혹한 자연재해 현장에서 자원봉사를 하는 사람들은 7번 유형이 많다. 이들은 자신이 갖고 있는 특유의 긍정성으로 절망에 빠진 사람들에게 희망과 용기를 주는 역할에 가장 적합한 사람들이다. 긍정성이 DNA에 탑재되어 있기에 절망과 슬픔이 가득한 재난의 현장에서 자신의 마음도 긍정적으로 유지하며 타인에게 희망과 용기를 주는 에너지와 활력을 갖고 있는 사람들이 바로 7번 유형이다.

지혜와 행동력을 갖춘
현실 속의 헤르메스들

다른 머리형과 마찬가지로 7번도 기본적으로

불안이 있다. 불안감에 직면하면 고통스럽다. 그런데 7번 유형이 제일 싫어하는 것이 고통이다. 7번은 이런 불안감을 잊기 위해 늘 무엇인가를 계획하고 시도한다. 불안함을 잊기 위해 지식에 매달리는 5번처럼 7번은 즐겁고 신나는 일에 매달린다. 그러나 7번은 자신이 관심을 갖고 매달렸던 일을 지속적으로 하지 못한다는 것이 5번과는 확연히 다른 점이다.

아무리 신나고 재미있는 일도 계속 하다 보면 흥미와 신선함이 사라지게 마련이다. 새로움은 익숙함으로 바뀌고 익숙해지면 자연스럽게 지루함이 느껴진다. 그러나 어찌 보면 인생은 지루함 속에서 영위되는 것이다. 매일 아침 눈을 뜨고, 매일 같은 일을 하고, 매일 같은 시간에 잠을 자고, 만나는 사람들을 계속 만난다. 우리의 삶 자체가 쳇바퀴를 돌리는 듯한 지루한 반복의 연속이다. 만약 매일 내 앞에 펼쳐지는 일상이 롤러코스터처럼 흥미진진하다면 처음에는 신나고 재미있겠지만, 곧 현기증이 나거나 속이 거북해지는 불편함이 찾아올 것이다.

7번 유형은 이러한 지루함을 잊기 위해 머릿속에서 늘 무언가를 계획한다. 7번 아이의 일상을 살펴보면 다음과 같은 패턴을 보인다. 시험기간에 공부를 어떻게 할 것인지 세세하게 계획을 세운다. 계획대로 공부를 하기 위해 책상에 앉는다. 책상에 앉아서 일단 지저분한 책상을 정리하기 시작한다. 책상을 정리하다가 안 하던 서랍 정리를 하고, 우연히 옛날 일기장을 발견하고 추억에 잠긴다. 추억에 잠기다 보면, 지금 당장 하고 싶은 일들이 막 떠오른다. 그러면 지금 떠오른, 시험이 끝난 뒤 당장 하고 싶은 일들을 플래너에 빼곡히 적어 놓는다. 언제 무엇을 할 것인가에 대해 또다시 열심히 계획을 세운다. 그러나 막상 시험기간이 끝나고 나서 그 플래너를 보면 그중에 하고 싶은 것이 거의 없다.

이들은 무언가 해야 할 일을 하다가 자꾸만 다른 것을 하고 싶어 한다. 그래서 7번은 무엇인가를 계획할 때 제일 행복하고 즐거워한다.

7번의 이런 행동패턴은 그리스 신화 속에 등장하는 헤르메스와 닿아 있다. 그리스 신화 속의 헤르메스는 몸동작이 매우 날쌔고, 들떠 있는 감정상태를 보이며, 능수능란한 말재주를 갖고 있다. 헤르메스는 제우스의 전령이자 저승길로 영혼들을 인도하는 안내자의 역할을 한다. 헤르메스는 제우스와 아틀라스의 딸 마이아의 아들로, 태어나는 순간부터 얌전히 누워 있는 모습을 전혀 보이지 않는다. 아침에 태어난 그는 정오에는 수금을 만들어 연주를 했고, 저녁에는 아폴론의 젖소들을 훔치고, 밤에는 요람으로 돌아가 신나게 뛰놀았다. 헤르메스는 출생 첫날부터 7번 유형의 모습을 보여주고 있다. 한순간도 가만히 있지 못하고 부산하고 산만한 어린아이의 모습이다.

하늘과 땅을 신나게 날아다니는 전령의 신 헤르메스는 날개 달린 모자를 쓰고 날개 달린 신발을 신고 지팡이에도 독수리 날개가 달려 있다. 그래서 그 누구보다도 빠르게 날 수 있다. 우리가 주변에서 만나게 되는 7번 유형은 말도 빠르고, 행동도 빠르고, 판단도 빠른 사람들이다. 이들은 마치 헤르메스가 몸에 깃든 것처럼 속도감이 있는 사람들이다. 어떤 일을 맡겨도 빠르게 해내고, 이해하는 속도도 빠르다. 그래서 이곳저곳을 기웃거리게 된다. 한곳에 오래 머물지 못하는 것이 7번의 두드러진 특성이다.

이들은 직장도 한곳에 오랫동안 다니지 못한다. 책을 봐도 앞부분만 어느 정도 읽고 나면 내용을 파악해 나머지 부분을 읽는 것을 지루해한다. 그래서 관심과 흥미가 떨어지는 속도도 다른 유형에 비해 빠르다. 속도감이 있는 것은 7번의 강점이지만, 동시에 과하게 여기저기 왔다 갔다 하는 모습은 단점이 되기도 한다.

자유롭게 날아다니는 헤르메스는 지상에서부터 지하까지 가지 못하는 곳이 없다. 신의 세계와 인간의 세계, 심지어 저승과 지옥까지도 자유롭게 오간다. 헤르메스의 의미는 '돌무덤'이라는 뜻이다. 고대에는 돌무더기가 현재의 이정표 역할을 했다. 그래서 헤르메스는 여행자의 신으로 불리기도 한다.

헤르메스는 또한 제우스가 내린 명령을 여기저기 전달하는 메신저의 역할을 한다. 헤르메스가 없었다면 신과 인간들은 제우스의 명령을 전달받기 어려웠을 것이다. 신화에서는 신들이 위기에 빠질 때마다 헤르메스가 갑자기 나타나 지혜를 빌려주고 홀연히 사라지곤 한다.

일상에 지친 사람들은 현재를 벗어나 멀고 낯선 곳으로 여행을 가고 싶어 한다. 평생을 열심히 일한 뒤 은퇴한 사람들을 대상으로 노후에 가장 하고 싶은 일이 무엇인지 조사한 결과에 따르면

헤르메스에게 이오를 구하러 가라고 명령하는 제우스
프랑수아 베르디에 | 17세기경 | 베르사유와 트리아농 궁 소장

'여행'이 1위를 차지했다. 여행은 반복적인 우리의 일상에 새로운 사람, 새로운 환경을 만나게 해주는 청량제 역할을 한다. 여행은 7번이 추구하는 지루함의 탈피, 신선한 즐거움을 선사해준다. 이렇게 보면 헤르메스가 여행의 신이 된 것은 우연이 아니다. 헤르메스는 7번의 자유로움과 지루함을 벗어나고픈 욕망을 상징하고 있다.

7번은 머리형으로 감정에 휘둘리지 않고 문제를 이성적으로 바라보며, 현실적인 해결책을 제시해주는 탁월한 능력을 갖춘 사람들이다. 그리스 신화 속의 헤르메스가 제우스의 지혜를 전달하며 어려움에 처한 신들의 문제를 해결해 주듯이 7번이 갖고 있는 능력은 범상치 않다고 할 수 있다.

조금씩이더라도 더 많은 것을
경험하길 원한다

━━━━━━━━━ 투자를 할 때 항상 고민해야하는 것이 수익률과 기회비용의 가치를 비교하는 것이다. 하나를 선택하면 그 선택으로 인해 우리가 포기해야 하는 것이 바로 기회비용이다. 인생은 영원하지 않기에 우리는 모든 것을 다 가질 수도, 다 이룰 수도 없다. 또한 우리의 능력은 한계가 있어 어떤 것을 선택하면 나머지 것을 포기하는 기회비용이 발생할 수밖에 없다.

수십 가지의 음식이 차려져 있는 뷔페식당에 갔다고 하자. 단일

품목의 음식만 판매하는 식당에 간다면 우리는 무엇을 먹을까 고민할 필요가 없다. 그러나 뷔페식당에서는 어떤 음식을 먹을지 결정해야 한다. 이때 대부분의 사람들은 여러 가지 음식을 다 먹고 싶은 욕망에 사로잡힌다. 다양한 종류의 음식을 다 먹으려면 한 가지 음식만 많이 먹을 경우 배가 불러 다른 음식은 맛볼 수 없게 된다. 따라서 모든 음식을 조금씩 맛보는 전략을 짠다.

7번 유형이 인생을 살아가는 모습이 이와 유사하다. 이들에게 인생은 뷔페식당에 온 것과 같다. 제한된 시간에 모든 음식을 다 먹어보아야 하기에 빠르게 이 음식도 조금, 저 음식도 조금 맛본다. 7번은 인생에 차려진 다양한 일들을 모두 맛보려고 하는 사람들이다. 이들에게는 기회비용도 아깝다. 하나도 포기할 수 없어서 모든 것을 다 한다.

그러나 뷔페음식을 많이 먹다 보면 한 가지 사실을 깨닫게 된다. 모든 것을 다 먹는 것보다는 그중 맛있는 음식을 양껏 먹는 편이 더 만족감이 크다는 것이다. 기회비용은 결코 아까운 손실이 아니라 우리가 원하는 즐거움을 몇 배로 증가시켜주는 가치 있는 손실이다. 이 사실을 깨닫지 못하면 7번은 "할 줄 아는 것은 많은데 깊이가 없다"거나 "주워들은 것은 많은데 제대로 아는 것이 하나도 없는 사람"이라는 말을 들으며 실속 없는 사람으로 평가받을 수 있다.

가벼워도 권위 있음을 보여주는
건강한 7번 유형 김어준

━━━━━━━ 성공을 목표로 살아가는 3번 유형이 보기에 가장 부러운 유형이 아마 7번일 것이다. 7번은 3번처럼 힘들게 시간관리, 자기관리를 하지 않는다. 이들은 재밌는 일을 찾아서 그냥 즐길 뿐인데 잘하기까지 한다. 게다가 사람들에게 인기도 많다. 사람을 만나면 상대를 즐겁게 해주어 대인관계도 좋다. 항상 열심히, 충실히, 성실하게 살아가는 3번, 6번, 1번이 바라보는 7번에 대한 생각은 이 한 문장으로 표현된다. "당신들은 도대체 못하는 것이 뭡니까?"

무슨 일을 하든 잘하는 7번 유형의 비결은 다름 아닌 자신이 즐거운 일을 하는 것이다. 7번은 어려서부터 행복에 대해 많은 생각과 고민을 하는 유형이다. 본인의 욕구를 제일 잘 살피며, 하던 일이 잘 풀리지 않아도 그 상황에서 재미를 찾아내는 사람들이다.

이들은 언제나 상대방의 눈치를 보는 6번과는 다르게 다른 사람의 감정이나 눈치를 살피지 않기에 당당하고 솔직하다. 매사에 완벽해야 하는 1번과 달리 '실수하면 다시 잘하면 되지'라는 태도를 보이므로 늘 자신감이 넘치고 당당하다. 그래서 7번은 어디에 있든 그곳에서 리더의 역할을 한다. 단순한 리더가 아니라 선후배, 동료들을 즐겁게 해주는 엔터테이너형 리더가 된다.

인터넷신문 〈딴지일보〉와 팟캐스트 〈나는 꼼수다〉를 만든 김어준 씨가 대표적인 7번 유형이라 할 수 있다. 그가 가진 매력은 한

마디로 격식이나 형식에 얽매이지 않는 자유로움이다. 그는 방송에서 초대 손님에게 즉흥적인 질문을 던지며 진행을 하지만, 그 질문이 정곡을 찌르고, 사건의 본질을 꿰뚫어보는 놀라운 통찰력과 판단력을 보여주어 큰 인기를 끌고 있다. 그가 사고형이기에 가능한 일이라 생각한다.

그의 강점 중 하나는 무거운 시사, 정치 관련 주제를 가볍고 재미있고 유쾌하게 풀어내는 능력이다. 그는 다소 가벼워 보이지만 대중의 입맛에 맞는 형식과 내용으로 정치, 시사에 전혀 관심이 없던 사람들도 열렬한 시청자로 끌어들이는 엔터테이너형 오피니언 리더라 할 수 있다.

대중을 상대하는 방송인들이 제일 신경을 쓰는 것은 자신의 이미지다. 품격 있고 교양 있는 모습으로 대중에게 어필하고 싶어 한다. 그러나 김어준은 마치 '격식, 품격 그딴 거는 집어치워' 라고 외치는 듯하다. 그는 방송에 출연하면서 메이크업을 전혀 하지 않고 수염을 기른 모습으로 등장하며, 형식, 의전, 격식 등은 무시하고 솔직하고 당당하게 자신이 말하고 싶은 대로 말하고 자신이 느끼는 것을 대중에게 유쾌하게 전달한다. 그러나 이러한 가벼움이 오히려 대중에게 마음의 문을 활짝 열게 만드는 마력이 있다. 김어준은 7번의 건강한 매력을 가감 없이 보여주는 인물이라 할 수 있다.

2001년 〈새〉라는 노래로 대중 앞에 나타난 가수 싸이도 대표적인 7번이다. 싸이가 등장하기 전 우리가 텔레비전을 통해 봐왔던 가수들은 한껏 메이크업을 하고 화려한 무대 매너와 멋진 몸동작을 보여주는 연예인들이었다. 그러나 싸이는 대중이 생각하는 가수에 대한 틀을 과감히 무너트렸다. 육중하고 배가 나온 몸으로 거의 막춤처럼 보이는 새춤을 추는 그의 모습은 당시 많은 사람에게 충격을 주었다. 또한 그의 노래 가사는 이제는 상당히 자유롭고 다양한 가사들이 넘쳐남에도 여전히 놀라움을 던져준다. 얼마 전 나온 노래에는 높은 수위의 비방과 욕설이 담겨 있었다.

그의 이름 '싸이'도 '싸이코'에서 따왔다고 하니 평범함을 거부하는 그의 대담성을 엿볼 수 있다. 그는 자신이 모범적인 이미지와는 거리가 먼 일명 'B급 연예인'이라고 스스로 말한다. 평범함을 거부하며 파격적이고 직설적인 가사와 선정적 안무를 당당하게 연출하는 그의 모습은 격식, 권위, 형식을 벗어던지고 싶은 대중의 내면의 욕구를 대변하고 있는 듯하다.

쾌락이 아닌 결핍을 통해 행복을 깨달을 때
진정한 성숙을 이룬다

──────────── 7번이 지루함을 잊기 위해 찾아다니는 즐거움과 쾌락은 먹으면 먹을수록 더 강한 것을 찾게 되는 조미료가 잔뜩 들어 있는 인스턴트 음식과 같다.

우리가 행복감을 느끼는 순간을 한번 생각해보자. 지름신이 찾아와 이것저것 쌓여 있는 집안의 물건들을 바라보면서 행복함을 느끼는가? 아마도 내가 그때 저걸 왜 샀지 라는 후회가 밀려오는 경우가 더 많을 것이다. 지금 우리가 살고 있는 세상은 예전에 비해 즐길 것이 훨씬 많아지고, 물질적으로 풍요로워졌다. 그렇다면 풍요롭고 즐길 거리가 많아진 현대인들이 옛사람들보다 더 행복하다고 할 수 있을까?

현실을 둘러보면 그렇지 않다. 현대인은 오히려 옛사람들보다 더 많은 스트레스를 받으며 많은 사람이 정신적인 불행에 시달리고 있다.

행복은 결핍이 있어야 느낄 수 있다. 나이 드신 분들이 반찬 투정을 하는 요즘 아이들을 보면 하시는 말씀이 있다. "우리 어릴 때는 밥도 못 먹었다. 흰밥에 고깃국은 잔칫날이나 먹을 수 있었지. 니들은 행복한 줄 알아." 그러나 젊은 사람들은 이 말에 공감하지 못한다. 배고픔을 경험해보지 못했기에 '흰밥에 고깃국 먹는 게 뭐가 행복하다는 거야?'라고 의아해한다. 결핍을 경험한 세대는 그 사소한 밥 한 그릇, 국 한 그릇에서도 행복감을 느낄 수 있었던 것이다.

7번에게 결핍은 지루함 또는 고통과 동의어라고 볼 수 있다. 그러나 피상적이고 산만한 활동을 통해 찾으려는 행복은 역치만 상승시키는 결과를 가져온다. 일상의 지루함이 있기에 우리는 여행의 즐거움을 만끽할 수 있다. 매일이 여행이라면 여행을 통해 행복을 느낄 수 없을 것이다. 삶의 순간순간은 지루함이 아니라 소중한 행복을 느낄 수 있는 시간이다. 이러한 사실을 깨닫게 되면 7번 유형은 산만함과 모든 것을 다 경험하려는 욕구가 잦아들고, 건강한 행복을 찾을 수 있다. 인생의 고통을 느낄 줄 아는 자만이 기쁨을 알 수 있으며, 자신에게 찾아온 행복을 온전히 자신의 것으로 만들 수 있다.

7번이 결핍을 고통이라 생각하지 않는 건강한 상태가 되면 이런저런 활동에 몰두하는 것을 멈추게 되고, 진정으로 자신에게 즐거움을 주는 것이 무엇인지 찾게 된다. 자신의 진정한 욕망을 깨닫고 선택하게 되면 5번처럼 집중하게 되고 지속적으로 몰입하게 된다. 성숙한 모습으로 행복을 경험하게 된다면, 세상의 모든 일을 다 하지 않아도 삶이 즐거울 수 있음을 알게 된다. 자신이 그토록 추구하는 행복을 찾은 7번은 타고난 활력과 에너지로 힘들고 어려움에 지친 다른 유형들에게 진정한 웃음을 선사하는 의미 있는 존재로 거듭나게 된다.

최근 〈효리네 민박〉으로 큰 인기를 끌고 있는 가수 이효리는 남들에게 즐거움을 선사하는 7번 유형이다. 그러나 그녀는 한곳에 집중하지 못하는 7번의 단점을 극복하고 소소한 일상에서 행복을 찾는 성숙한 모습을 보여주고 있다.

이효리는 결혼 이후 한 예능프로에 나와서 결혼 이전의 연애사와 놀던 시절의 에피소드들을 매우 솔직하게 털어놓았다. 한창 잘나가던 시절 쾌락을 추구하고자 술도 많이 마시고 남자도 많이 사귀어봤던 자신을 잘 알고 있기에 남편이 아니라 자신이 외도할까봐 걱정이라고 말하기도 했다. 산만하고 한곳에 안착할 줄 모르는 그녀가 유기견을 돌보는 봉사활동을 하면서 만난 사람이 남편인 이상순이라고 한다. 그녀는 결혼 이후 남편을 통해 안정감을 찾고 쾌락이 아닌 소소한 행복에서 삶의 가치를 발견하는 성숙한 7번의 모습을 보여주고 있다.

그녀가 〈손석희의 뉴스룸〉에 출연해 소개한 자신의 신곡 〈변하지 않는 건〉이란 노래 중에 이런 내용이 있다.

얼마 전 잡지에서 본 나의 얼굴
여전히 예쁘고 주름 하나 없는 얼굴
조금도 변하지 않는 이상한 저 얼굴
변하지 않는 것을 위해 우린 변해야 해

위의 노래는 위안부 할머니를 보고 떠오른 가사라고 한다. 7번이 성숙하게 되면 쾌락만을 쫓아다니던 모습을 벗어나고, 고통을 제대로 직시하지 못하던 모습도 벗어던지게 된다. 그녀는 한때 톱스타의 자리에 올랐던 연예인이기에 늙어가는 자신의 외모를 받아들이지 못하고 성형의 힘으로 젊음을 유지하려는 유혹에 빠질 수도 있지만, 오히려 자신의 늙은 모습을 자연스럽게 받아들이려는 건강한 마음 자세를 보여준다. 우리는 그녀에게서 타인의 고통을 바라보며, 그들에게 위로가 되고자 하는 성숙된 모습을 발견하게 된다.

새로운 재미만을 찾던 모습에서 유기견을 보살피고, 화려화지 않은 소소한 일상에서 잔잔한 행복을 느끼며, 그 행복을 타인들과 공유하는 그녀에게서 건강하고 성숙한 7번의 모습을 볼 수 있다.

7번 유형이 성공적인 인간관계를 만들려면

사람들이 싫어하는 부류 중의 으뜸은 자기 말만 하는 사람들이다. 7번이 가장 어려워하는 것이 경청이다. 타인의 이야기를 들어주려면 자신의 욕구를 낮추고, 상대에게 맞춰주어야 하기 때문이다. 7번은 자신의 욕망을 가장 중요하게 생각하는 사람이므로 이야기를 들어주기보다는 말하는 것에 집중하는 경향이 크다. 따라서 사람들과 잘 지내려면 다른 사람의 이야기를 경청하는 태도를 익혀야 한다.

보통 첫 만남에서 사람들에게 유쾌함을 주는 7번은 인간관계를 시작하는 데는 문제가 없다. 그러나 마음을 주고받는 사이가 되기에는 어려운 사람들이다. 누군가와 마음을 교류한다는 것은 즐겁고 행복한 감정뿐 아니라 아픔, 상처도 바라봐주어야 한다. 그러나 7번은 고통과 아픔을 직면하는 것을 두려워하기 때문에 더 깊숙한 관계로 발전하기 쉽지 않다. 이는 상대의 마음을 경청하는 것과도 일맥상통한다.

다양한 사람들과 가벼운 관계를 만드는 것도 나쁘지는 않지만, 진정으로 아픔과 기쁨을 함께하는 묵직한 관계가 더욱 가치 있음을 잊지 말자. 새로운 사람에 대한 욕망보다는 일상을 함께 하는 익숙한 관계에 감사하는 마음을 가져야 한다.

즐겁고 다양한 경험을 원하는 7번은 누군가를 만나도 다양한 활동을 즐기는 편이다. 상대도 즐기는 사람이라면 다행이지만, 7번을 만나는 사람들은 7번의 활동성에 에너지가 소진된다는 느낌을 많이 받을 수도 있다. 그래서 상대를 배려해주는 모습이 필요하다. 모두가 7번처럼 활동적이지 않다는 사실을 기억하자.

당신 주변에 7번 유형이 있다면

7번은 기본적으로 감정에 관한 이야기를 나누는 것을 좋아하지 않는다. 특히 상대와 불편한 감정에 대해 이야기하는 것을 싫어한다. 힘들고 어려운 것은 회피하고자 하는 사람들이기 때문이다. 이들은 무언가 얽혀버린 감정을 풀어내기 위해 이야기하게 되면, 인간관계 자체를 끊어 내기도 한다. 이러한 대화를 하고자 할 때는 되도록 유쾌한 방식으로, 무겁지 않게 해야 한다. 이들이 1번과 대화를 잘 하지 않으려는 가장 큰 이유도 1번의 진지함이 무겁게 느껴지기 때문이다.

이들을 일상의 틀에 묶어 두려고 한다면 이들과 잘 지내기는 어렵다. 이들의 창의성과 어린아이와 같은 천진난만함을 그대로 수용해 주고 같이 즐겨야 좋은 관계를 유지할 수 있다. 또한 이들이 건네는 말에 반응을 크게 해주어야 한다. 이들은 상대가 보내는 반응을 통해 자신이 상대에게 즐거움을 주는 사람이라는 점에 만족감을 느낀다.

또한 이들에게 조직의 규정이나 절차 등을 강요한다면 반발이 심할 수 있다. 이들을 행동하게 하는 것은 법이나 절차, 형식이 아니라 합리적인 근거와 타당성이다. 머리형이기 때문에 논리와 근거가 타당하다고 생각하면 이들은 기꺼이 따르는 사람들이다.

8번 유형 도전가 - 아킬레우스
삶은 도전하고 승리하는 전장이죠

8번 유형 아킬레우스는 왜 죽음을 무릅쓰고 전쟁에 나갔을까?

━━━━━━━━━━ 그리스 신화 최고의 영웅 아킬레우스는 아버지보다 더 위대한 인물이 될 운명이었다. 바다의 여신 테티스는 아킬레우스를 낳기 전, 태어날 아들이 아버지보다 뛰어날 것이라는 예언을 듣게 되고, 예언이 두려웠던 남성신들은 그녀를 서둘러 인간 펠레우스와 결혼시켰다. 결국 아킬레우스는 그 예언 때문에 신이 되지 못했다.

아킬레우스는 인간이었기에 죽을 수밖에 없는 운명이었지만 테티스는 아들에게 신처럼 불멸의 생을 주고 싶어 했다. 그녀는 신비한 스틱스 강에 아킬레우스를 담가 인간의 유한한 삶을 씻어내고자 했다. 그러나 그녀가 잡고 있던 그의 발뒤꿈치는 강에 젖지 않아 치명적인 약점으로 남는다.

아킬레우스가 장성했을 무렵, 파리스의 황금 사과 때문에 트로이 전쟁이 일어난다. 테티스는 아킬레우스가 전쟁에 참여하면 죽을 것이라는 신탁을 받고 아킬레우스에게 여장까지 시키며 몰래 숨겼지만, 세상은 그를 가만 두지 않았다.

세상에 드러난 아킬레우스는 다음과 같은 선택의 순간에 놓인다. '어머니의 뜻에 따라 평범한 청년으로 인간의 수명을 누리고 살 것인가 아니면 어머니를 거역하고 운명에 따라 명예롭지만 죽음이 예고된 전쟁에 참가할 것인가?'

과연 아킬레우스는 영웅이었다. 그는 수명이 보장된 평범한 삶을 선택하지 않았다. 잠시 흔들리기는 했지만 결연히 전쟁에 뛰어들었다. 그가 전쟁에 참여했다는 소문만으로도 적군인 트로이 군인들은 두려움에 떨며 성문 밖에 나서지 못할 정도로 아킬레우스의 힘과 용맹함은 따라올 자가 없었다.

수많은 우여곡절 끝에 적군의 장수 헥토르를 쓰러뜨리고 승승장구하던 아킬레우스는 결국 테티스의 노력에도 불구하고 헥토르의 동생 파리스가 쏜 화살에 유일한 약점인 발뒤꿈치를 맞아 죽게 된다. 인간 영웅 아킬레우스의 삶은 이렇게 막을 내렸다.

아킬레우스는 죽을 운명인 줄 알면서도 전쟁에 뛰어들었다. 명예롭지 못하게 운명을 피하는 것이 아닌 죽음에 대항해 운명을 개

척해 나가는 삶을 선택했다. 아킬레우스처럼 운명에 도전하는 사람들이 있다. 이들은 에니어그램의 8번 유형에 해당한다.

이들에게 삶은 도전에 맞서 싸워야 하는 존재다. 그래서 스스로 강해져야 한다고 생각한다. 주저하지 않고 자신의 뜻에 따라 결단을 내리고, 불굴의 의지로 끝까지 무엇이든 해내며, 엄청난 에너지로 주변 사람들을 보호하면서 힘을 드러낼 때 이들은 만족감을 느낀다.

8번은 항상 전쟁 중에 살고 있다. 다른 사람에게 의존하거나 남들의 뜻에 무조건 따르는 것은 용납할 수 없는 일이다. 8번 유형 아킬레우스처럼 삶이라는 전쟁에서 거칠게 맞서 싸워나가며 자신과 주변의 상황을 통제하고자 한다.

이들은 세상에 압도당하지 않기 위해 열심히 살아간다. 세상에 통제당하는 것은 8번에게는 생존이 위협받는 엄청난 고통과 같다. 그래서 이들은 살아남기 위해 도전하고 치열하게 싸워나간다.

떡잎부터 강한
존재감을 드러낸다

여신 레토는 제우스와의 사이에서 쌍둥이를 임신하게 되었다. 질투심 많은 제우스의 아내 헤라는 쌍둥이가 제우스의 뒤를 이을 권력자가 될 것이라는 예언을 듣고 레토의 출산을 방해했다. 만삭의 몸으로 출산 장소를 찾던 레토는 바다에 떠다니는 외딴섬에서 헤라를 피해 아기를 낳기로 했다. 그러나 헤라의 저주는 강력해서 레토는 진통만 계속할 뿐 아기를 낳을 수가 없었다. 그렇게 진통이 계속되던 어느 날 레토는 가까스로 아르테미스를 낳았고, 아기는 태어나자마자 성장해 9일 동안 어머니 옆에서 남동생 아폴론을 낳는 것을 도왔다. 그래서 아르테미스는 처녀신이지만 출산의 여신이라는 별명을 얻게 되었다.

아르테미스 여신은 태어나자마자 자신의 힘을 발휘했다. 갓 태어난 아기가 곧바로 자신의 정체성을 찾고 자신의 힘으로 어머니를 보호한 것이다. 이처럼 8번은 일찍 철이 드는 경우가 많다. 부모가 자기보다 나약하면 부모와 자녀의 역할이 뒤바뀌기도 한다. 마치 딸이 엄마 같고, 엄마가 딸 같은 존재가 된다. 만약 8번 유형의 자녀가 아르테미스처럼 충분히 힘이 있다면 부모를 보호해줄 수 있겠지만, 현실에서 이런 경우는 드물다. 그렇기에 8번은 어릴 적부터 스스로를 보호하는 힘을 기르기 위해 독립적이고 강해져야 한다는 내면의 목소리를 듣게 된다. 반면에 부드럽고 연약한 감정들은 최대한 묻어두려 한다.

8번 유형 자녀의 부모가 레토와는 달리 연약한 존재가 아니라면 부모는 8번 아이를 키우는 데 애를 먹을지도 모른다. 자기주장이 강한 아이는 서너 살만 되어도 엄마와 집 안에서 놀기를 거부하고 하지 말라는 것만 골라서 한다. 그리고 누가 하지 말라고 하면 그 말을 듣는 순간 그 일을 해버린다. 8번은 기본적으로 명령받는 것을 싫어한다. 누군가 자기를 강제로 움직이려 한다면 거세게 반항한다. 누군가의 명령은 이들에게는 공격으로 받아들여지기 때문이다.

누군가 자신을 공격한다고 느끼면 8번은 '절대 당하지 않겠어. 도전해 보시지'라는 자세를 취하며 응수한다. 그래서 8번 중 많은 사람이 어린 시절부터 사고를 많이 친다. 어른들에게 혼나면 기가 죽기는커녕 이글거리는 눈빛으로 도전한다. 그래서 학창시절 고집 센 문제아로 낙인찍히기도 하고, 누가 자기에게 이래라저래라 하는 것이 싫어 일찍 독립하는 경우가 많다. 이들의 성공스토리를 들어보면 "다들 안 된다고 했지만 도전해서 해내고 말았어요"라는 말이 대부분을 차지한다.

고난과 역경을 뛰어넘는
불굴의 의지를 갖고 있다

어린 시절부터 도전에 익숙한 8번의 키워드는 '힘과 지배'다. 다음은 8번 유형의 후배 이야기다.

"다른 사람이 나를 통제하는 게 싫어요. 누가 이래라저래라 하는 게 견딜 수가 없어요. 언젠가 병원에 입원을 했는데, 저는 몸을 움직일 만해지자마자 바로 퇴원을 했어요. 의사는 더 입원해야 한다고 했지만 의사나 간호사가 저에게 명령하는 게 싫고, 내 의사대로 행동하지 못하는 게 화가 나서 바로 퇴원해버렸죠. 퇴원한 뒤에 집에서 도우미에게 도움을 받았는데, 아주머니가 별로 마음에 안 드는 거예요. 그래서 아줌마한테 하루치 일당을 드릴 테니 그냥 가시라고 했어요. 맘에도 안 드는 사람한테 내 몸을 맡기기 싫었거든요. 수술하면 제대로 못 걸어서 도우미 아줌마가 머리도 감겨주는데 저는 그게 너무 싫어서 움직여지지도 않는 몸을 질질 끌고 저 혼자 머리를 감았어요."

이들은 절대 남에게 도움을 요청하지 않는다. 도움을 받는 것은 약한 것이고, 약해지는 순간 남의 지배 영역으로 들어간다고 생각한다.

한번은 위에서 말한 후배에게 나에게 함부로 대한 사람에 대해 이야기를 했는데, 그녀의 반응은 이랬다.

"그 자리에서 한마디도 못했어요? 그걸 가만뒀어요? 밟아줘야지. 기싸움 하는 거잖아요. 먼저 기선 제압하려고. 그걸 당하고 오면 어떻게 해요? 아이고, 내가 다 분하네."

다음 날 그녀는 전날 밤 내 생각이 나서 잠을 이루지 못했다고 하면서 누군가 맞서려고 하면 그 자리에서 만만치 않다는 걸 꼭 보여줘야 한다고 신신당부했다.

사이다 발언으로 인기를 모으고 있는 이재명 성남시장의 인생을 보면 8번 유형이라는 것이 명확하게 드러난다. 이재명 시장은 시골에서 중학교도 못갈 정도로 가난한 형편에서 자랐다. 초등학교 졸업 후 공장노동자로 일하며 어린 시절을 보냈지만, 그는 현실에 주저앉지 않고 공부를 시작했다. 자신을 흙수저도 아닌 무수저라고 주장하는 그는 검정고시로 중, 고등학교를 졸업하고 장학

생으로 대학교에 입학했다. 그리고 사회의 부조리를 깨닫고 이를 악물고 공부해 사법시험에 합격했다.

또한 판검사가 될 정도의 성적이었음에도 자유롭게 일하고 싶다는 생각에 변호사의 길을 택했다고 한다. 판검사를 거치고 나면 높은 수임료를 받으며 안정적으로 변호사 생활을 할 수 있음에도 꽃길을 놔두고 젊은 나이에 인권변호사가 되어 고생길을 걷기도 했다.

어렵게 성공과 부를 거머쥘 수 있는 기회를 얻었음에도 그는 제 도권에 편입되어 편안하게 사는 삶을 거부하고 도전적인 삶을 걸어가고 있다. 그는 스스로 도전하며 인생을 만들어가는 8번 유형의 전형적인 모습을 보여준다.

그는 자신의 사전에 '적당히' 란 없다고 말한다. 한번 시작하면 끝을 보는 게 특기라는 그는 인권변호사를 하며 시민운동을 병행했다. 그는 시민운동도 적당히 하지 않았다. 정의로운 사회를 만들고자 하는 그의 분투는 그를 '싸움닭' 으로 불리게 했다. 시민운동가 시절, 권력이 그를 거액의 돈으로 매수하려 했지만 그는 단칼에 거절하고, 어떠한 협박에도 굴하지 않고 불굴의 의지로 싸워 원하는 바를 이루어냈다. 그리고 정의로운 사회를 실현하자는 신념으로 정치권에 뛰어들었다.

불의를 참지 못하는 그는 "원만하고 품격 있는 정치도 필요하지만, 저는 싸울 일이 있으면 끝까지 싸울 겁니다" 라고 말하며, 어려운 상황을 끝까지 돌파하고자 하는 8번의 불굴의 의지를 보여준다.

고난과 역경은 8번에게 좌절이 아닌 '나는 할 수 있다'는 강한 의지를 불러일으키는 촉매제 역할을 하는 것이다.

3번 유형이 인정받기 위해 경쟁한다면
8번 유형은 과시하기 위해 경쟁한다

———————— 제우스는 예쁘고 활발한 딸 아르테미스가 매우 흡족해 세 살 된 그녀를 무릎에 앉히고 소원을 물었다. 아르테미스는 일말의 고민도 없이 활과 화살, 함께 다닐 요정들, 사냥개, 뛰어다니는 데 불편하지 않을 짧은 옷을 요구했다. 이것은 보통의 딸들이 원하는 예쁘게 꾸미고 치장하는 도구들과는 거리가 멀다. 그런 점에서 제우스는 더욱 그녀를 마음에 들어 했다.

아르테미스는 아름답지만 거추장스러운 옷보다는 실용적인 의상을 원했고, 자신의 무리를 이끌고 온 천지를 돌아다니며 활동하기를 원했다. 만약 이에 위협이 되는 장애물이 나타나면 사냥개와 화살로 제어하고자 했던 것이다. 현실적이고 활동적이며 열정적인 8번의 모습을 아르테미스는 잘 보여준다.

아르테미스는 또한 사냥의 여신으로 불린다. 그녀는 어떠한 목표물도 맞힐 수 있는 명사수여서 그녀가 쏜 화살은 반드시 과녁을 꿰뚫었다. 화살이 목표물에 명중하기 위해서는 여러 가지 조건이 필요하다. 목표물에 대한 강한 집중력과 주변의 환경에 흔들리지

사냥하는 아르테미스

루카 지오르다노 | 17세기경 | 루브르 박물관 소장

않는 담력이 요구되며, 주변에 경쟁자가 있다면 더욱 좋은 조건이
된다. 8번 유형 아르테미스에게는 경쟁자가 마음을 어지럽히는
존재가 아니라 목표에 집중할 수 있도록 돕는 자극제일 뿐이었다.
아르테미스는 때로 목표가 잘 보이지 않거나 장애물로 가려지더
라도 불굴의 의지로 끝내 과녁을 맞히는 명사수였다.

　이런 아르테미스에게 일생 단 한 번의 사랑이 찾아온다. 그녀의
사랑을 받은 이는 사냥꾼 오리온이었다. 바다의 신 포세이돈의 아
들 오리온은 당대 최고의 미남이었다. 아름다운 사냥의 여신 아르
테미스와 미남 사냥꾼 오리온이 사랑에 빠진 것은 어쩌면 당연한
일이었다. 그런데 문제는 아르테미스의 쌍둥이 동생 아폴론이었
다. 그는 하나뿐인 누나가 바람둥이 오리온을 사랑하는 것이 늘
불만이었다. 다른 남자에게 눈길 한 번 주지 않던 아르테미스가
오리온과 결혼할 것이라는 소문까지 퍼지자 아폴론은 가만히 있
을 수가 없었다.

　어느 날 바다 한가운데서 머리만 내놓고 수영하고 있는 오리온
을 본 아폴론은 아르테미스의 경쟁심을 자극했다. 저 멀리 보이는
검은 물체는 너무 멀어서 그녀의 실력으로도 화살로 맞출 수 없을
것 같다고 말했다. 그 말에 자극받은 아르테미스는 거침없이 화살
을 날렸고, 희생된 사냥감을 보고서야 오리온이라는 사실을 알게
되었다. 슬픔에 잠긴 아르테미스는 제우스에게 부탁해 오리온을
별자리에 앉히고 자신의 사냥개 시리우스에게 지키게 했다. 이렇
게 아르테미스는 앞뒤 재지 않고 목표에 집중하는 성격과 경쟁심

때문에 사랑하는 이를 희생시키고 말았다.

8번의 경쟁심은 3번과는 성향이 조금 다르다. 3번이 남들보다 우월해 보임으로써 인정받고 싶은 마음에서 경쟁에서 이기려 한다면, 8번은 자신의 힘을 드러내 자신이 안전하고 행복해지기 위해서 경쟁한다. 그러나 8번의 자신감과 경쟁심은 때로 독이 되기도 한다. 앞뒤 가리지 않는 열정은 큰 성과를 만들어낼 수 있다. 그러나 그것에 집착하는 순간 누군가에게, 그리고 자신에게 큰 화가 될 수도 있다. 또한 인생에서 가장 중요한 사랑이나 인간관계를 망쳐버릴 수 있음을 8번은 잊지 말아야 한다.

강하고 화려한 것에 집착하며 도전 욕구가 강하다

최고의 신 제우스는 힘센 권력자를 상징한다. 그는 지배하려는 욕망이 엄청나서 형제들과 힘을 합해 아버지 신을 누르고 신들의 왕이 된다. 그런데 그의 욕망은 거기서 그치지 않는다. 그는 바람둥이 신으로도 유명해 끊임없이 아내 헤라의 속을 썩인다. 누군가 아름답다고 소문이 들리기만 하면 그 여인은 제우스의 것이 되었다.

다나에라는 처녀가 있었다. 그녀의 아버지는 신탁을 받고 딸이 남자를 만나지 못하게 탑에 가두어 놓았다. 그러나 그녀에게 반한 제우스는 포기하지 않았다. 그는 황금비로 변신해 조그만 탑 창문을 통해 다나에의 몸에 스며들었다. 원하는 바가 있으면 어떻게든 손에 넣고야 마는 제우스 역시 8번 유형이다.

8번의 욕망은 끝이 없다. 정복하기 어려울수록 이들의 도전 욕구는 더욱 불타오른다. 이들은 강한 것, 큰 것에 집착한다. 몸의 근육을 키우고 목소리도 크며, 돈을 많이 벌고 큰 집에 살고, 큰 자동차를 타고 더 큰 권력을 가지려고 한다. 그 이유는 자신의 세를 과시해 언제든 싸움에서 이길 수 있는 자원을 확보해 놓기 위해서다.

지배욕이 강하고 자신의 영역 안에 있는 사람은 철저히 보호한다

———————————— 그리스 신화 속 여성들은 대부분 남성과의 관계에서 많은 문제를 겪는데, 남성의 지배를 받지 않고 끝까지 처녀로 남은 여신이 몇 명 있다. 아테나와 아르테미스, 불의 여신 헤스티아가 그러하다. 특히 아르테미스는 누구보다 독립적인 여신으로 유명하다. 남성에게 지배를 받는 대신 그녀가 선택한 것은 함께 다니던 요정들의 큰언니 노릇이었다.

8번은 누구 밑에서 행동하는 것을 좋아하지 않는다. 이들에게는 자기가 선택한 '나의 영역'이 중요하다. 정글에서 자기와 가족들의 영역을 정하고 외부의 위험으로부터 그것을 지키는 데 많은 에너지를 쏟는 동물들과 비슷하다. 8번 유형은 자신의 영역을 정하고 그 안에서 스스로 모든 것을 결정하고, 자기가 지켜야 하는 사람들을 보호하며 살아가기를 원한다. 특히 약자를 보호하는 것이 자신의 임무라고 생각한다.

학창시절 나에게는 8번 유형 친구 A가 있었는데, 본의 아니게 A와 다른 친구 B가 나 때문에 싸우게 된 적이 있었다. 청소시간에 B가 나에게 무언가를 시켜서 아무 생각 없이 그 일을 하고 있었다. 그런데 느닷없이 A가 나타나 B에게 "너 왜 얘한테 그런 걸 시키냐?"며 벌컥 화를 냈고 B는 "네가 무슨 상관이냐?"며 둘은 싸우기 시작했다. 말하자면 A는 나를 대신해 싸워준 것인데, 그녀는 나를 자기 영역 안에 있는 약한 친구로 본 것이다.

8번은 자신에게 도움을 청하는 사람은 나서서 철저히 보호해주지만, 위협이 된다고 판단하면 가차 없이 응징한다. 주변 상황을 모두 자신의 통제 아래 두어야 한다고 생각하는 것이다. 그래서 이들은 아주 사소한 것도 자신을 통제하려는 의도로 민감하게 받아들이기도 한다. 아르테미스가 그렇다.

아르테미스는 어머니 레토에게는 든든한 딸이었다. 레토가 강간을 당할 뻔한 위기에서 구해주고, 그녀를 위해 복수해주는 등 어머니가 필요로 할 때마다 찾아가 도왔다. 이렇게 자기편에게는 든든한 힘이 되어주었다. 그러나 사냥꾼 악타이온에게는 달랐다.

악타이온이 숲으로 사냥을 하러 갔다가 우연히 아르테미스와 요정들이 목욕하는 장면을 보게 되었다. 남성에게 알몸을 보인 아르테미스는 그를 용서할 수 없었다. 그녀는 악타이온에게 물을 끼얹어 저주를 걸었고, 악타이온은 사슴으로 변했다. 때마침 악타이온이 몰고 온 사냥개들이 사슴으로 변한 악타이온을 발견했고, 그는 사냥개들에게 갈기갈기 찢겨서 죽었다.

사실 죽일 정도의 큰 잘못도 아니었지만 악타이온의 행동이 아르테미스에게는 여신에 대한 도전으로 보였을 수 있다. 특히 8번은 다른 사람들이 자기를 이용한다고 생각하면 분노한다. 8번은 이렇게 통제당하는 것이 두려워 건강하지 않은 8번일수록 조금이라도 이용당할 기미가 보이면 상대에게 잔인하게 응징한다.

어머니 레토가 아르테미스에게 의존하듯 8번 주변에는 그들에게 의지하는 사람이 많다. 이들은 8번의 영역으로 들어간 사람들이라고 볼 수 있다. 사실 8번의 인생에 이들은 굉장히 중요한 사람들이다. 그럼에도 8번은 통제하고 싶은 욕망 때문에 이들을 자신과 동등하게 생각하지 않고, 자기보다 약한 사람이라고 여겨 아랫사람처럼 대하거나 그들의 감정을 무시하는 경향이 있다. 알고 보면 따뜻한 마음으로 도움을 주는 것이지만, 이들은 거친 언행으로 갈등을 불러일으키곤 한다. 결국 8번은 나서서 큰 도움을 주고도 좋은 소리를 못 듣는, 말 한마디로 공을 다 깎아먹는 사람이 되기도 한다.

내면에 정의로움과
파괴성이 공존한다

────────── 트로이 전쟁의 영웅 아킬레우스 이야기로 돌아가보자. 무려 10년 동안이나 지지부진하게 계속되던 트로이 전쟁의 한가운데에서 아킬레우스가 전쟁을 포기하는 사건이 벌어졌다. 자신의 상관 아가멤논과의 갈등 때문이다. 전리품으로 얻은 사랑하는 여인을 아가멤논이 내놓으라고 무리한 요구를 하자 아킬레우스는 크게 분노해 전쟁에서 손을 떼겠다고 선언했다. 친구 오디세우스, 스승 케이론 등이 설득했지만 소용없었다. 그러고도 분이 풀리지 않았는지 어머니 테티스 여신에게 자신이 속한 그리스군이 아닌 트로이군이 승리하게 해달라고 부탁까지 한다. 때문에 아킬레우스가 빠진 그리스군은 패배를 거듭한다.

그러나 이를 보다 못한 아킬레우스의 절친 파트로클로스가 아킬레우스를 대신해 전투에 참여했다가 적군 헥토르에게 죽고 말았다. 이에 아킬레우스의 분노는 적군으로 향한다. 분노에 몸을 떨던 그는 친구의 복수를 위해 다시 전장으로 돌아가 모든 전투를 승리로 이끌었고, 결국 트로이의 왕자 헥토르를 죽여 친구의 원수를 갚았다.

그럼에도 아킬레우스의 분노는 쉽게 사그라들지 않았다. 그는 헥토르의 시신을 전차에 매달아 12일 동안이나 밤낮으로 이리저리 끌고 다니며 욕보였다. 그의 잔인함에 적군은 물론 아군도 치를 떨며 그를 두려워했다.

아킬레우스를 움직인 것은 의무감이나 책임감, 주변 사람들의 부탁이 아니라 분노였다. 전쟁에서 빠지겠다고 선언한 것도 아가멤논에 대한 분노 때문이었고, 전장으로 돌아간 이유도 친구의 죽음으로 또다시 점화된 적에 대한 분노였다. 분노가 아킬레우스를 행동하게 했다. 8번은 위협받거나 거부당한다고 느낄 때, 그리고 배신당했다고 느낄 때 분노가 폭발하면서 예측할 수 없는 행동을 한다. 10년이나 계속된 전쟁에서 공도 없이 돌아간다는 것은 장수에게는 있을 수 없는 일이었지만, 열심히 싸운 자신의 공을 인정하지 않는 아가멤논에게 심한 배신감과 위협을 느낀 아킬레우스는 싸움을 포기하겠다는 자신의 의지를 내세우고 결코 꺾지 않았다.

아르테미스 여신에게서도 분노의 행동을 쉽게 찾아볼 수 있다. 그녀가 분노에 휩싸여 응징할 때 종종 거친 야생 멧돼지의 등장으로 표현되는데, 1번 유형 헤라 여신의 분노와는 조금 다르다. 헤라는 자신이 세운 원칙에 맞지 않는 상대의 행동에 분노하지만, 아르테미스는 자신을 얕보거나 자기에게 감히 대결하려는 상대에게 분노해 멧돼지처럼 달려들어 응징한다.

왜 이들은 이렇게 분노의 행동을 보일까? 8번은 스스로를 정의의 사도라고 생각한다. 나는 정의롭고 강하기 때문에 약한 자를 보호해야 하고, 정의롭지 못한 사람에게는 복수해야 한다는 의무감을 갖고 있다. 아킬레우스를 전장으로 불러낸 것은 절친 파트로클로스의 죽음이었다. 그를 대신해 복수를 하기 위해서였다. 그는 '눈에는 눈, 이에는 이'라는 생각(네가 내 친구를 죽였으니 나도 너를 죽

파트로클로스 발 밑에 헥토르의 시신을 내려놓는 아킬레우스

조제프 브누아 쉬베 | 18세기경 | 루브르 박물관 소장

이겠어)으로 상대를 제압했고, 그 뒤의 행동은 너무나 잔인했다. 아킬레우스의 마음속에는 '아주 무섭게 복수해주겠다. 다시는 나를 위협하지 못하도록' 이라는 생각이 자리잡고 있었다. 배신에 대한 두려움이 다른 어떤 유형보다도 큰 8번이 건강하지 못할 때 더욱 강렬하게 앙갚음하며 자신은 완전히 정당하다고 생각한다.

옳지 못한 일에 분노하고 친구를 보호하며 그것을 실행에 옮길 수 있는 모습은 분명 사회를 위한 정의롭고 바람직한 모습이다. 그러나 무자비한 잔인함까지도 '정의' 라는 이름으로 용납될 수 있는 것은 아니다. 아킬레우스와 아르테미스는 자신의 거친 면을 똑바로 볼 수 있어야 한다. 때로는 분노가 행동력의 원동력이 되기도 하지만, 지나치게 되면 그 잔인함은 자신뿐만 아니라 주변 사람들까지 파괴할 수 있다는 사실을 알아야 한다.

이들이 정의에 집착하는 것은 세상을 흑백논리로 보고 있기 때문이다. 그러나 과연 세상의 모든 것을 선과 악으로 나눌 수 있는가? 또한 정의와 불의를 결정하는 것은 누구인가? 정의라고 생각하는 것이 실은 내가 정한 나만의 정의는 아닌지, 과연 무엇을 위해 그리도 열심히 싸우고 있는지 고민해 보는 것이 8번의 과제다.

또한 분노를 표출하고 자기주장을 강하게 밀어붙이는 8번은 주변 사람들과의 갈등을 피할 수 없다. 결국 아무리 노력해도 자기를 따르는 사람이 없게 되면 그것에 지친 8번은 고립을 선택한다. 스트레스가 감당할 수 있는 수준을 넘어서면 8번은 5번 유형의 모습을 보인다.

이들은 관계에 문제가 생기는 것이 내가 충분히 강하지 않아서라고 생각하며 더 강해지는 시간을 갖는다. 5번처럼 혼자 전략을 짜고 정보를 모으며 해결을 위한 자원을 찾기 위해 한 걸음 물러선다. 상당한 존재감을 드러내던 이들은 이상하리만치 조용하고 비밀스러워진다.

문제는 이들이 너무 냉소적으로 변한다는 것이다. 심각해지면 더 이상 다른 사람들과 잘 지낼 희망을 찾지 못하고, 자기 자신도 믿지 못하면서 극도로 불안해한다.

목표를 향한 성과를 중시해서
상대의 감정에 관심이 없다

8번 친구와 함께 쇼핑을 갔다. 살까말까 망설이고 있는데 8번 친구가 말한다. "대체 살 거야 말 거야?"

8번은 행동만큼 말도 직설적으로 한다. 상대의 기분에 맞추어 돌려서 말하는 것을 좋아하지 않기에 솔직한 이들의 말에 사람들은 당황하기도 한다. 그러나 정작 8번은 상대가 왜 그러는지, 심지어 상대의 기분이 어떤지 알지 못할 때가 많다.

8번 유형은 목표에 집중해 결과를 내는 것이 중요하기 때문에 주변 사람들의 기분에는 그다지 관심이 없다. 그 결과 주변 사람들에게는 8번이 가깝고 친밀한 사람으로 느껴지지 않는다.

흔히 남성과 여성의 대화법이 너무 달라 화성인과 금성인의 대화로 묘사하는 경우가 많은데, 남성들은 해결책에 집중하고 여성들은 해결해주지 않아도 공감만으로 충분하다고 이야기한다. 그런 의미에서 8번의 대화는 남성들의 대화 패턴과 비슷하다. 고민을 이야기하는 친구에게 "뭐가 문제인지 잘 생각해봐", "그럼 이렇게 해봐" 등의 해결책을 제시하고, 친구가 약자라고 생각하면 "내가 그 사람한테 대신 따져줄게"라며 나서서 해결해주려 한다.

8번은 감정을 헤아리려 하지 않는다. 대화에는 공감도 필요하다고 말하는 상대에게 감정을 따지고 공감하는 것이 대체 무슨 소용이 있냐고 반문한다. 그러나 8번에게 고민을 말하는 사람이 반드시 어떤 해결책을 바라고 말하는 것은 아니다. 마음이 답답해서 하소연하는 경우도 있다. 서로 감정을 교류하며 마음이 연결되는 경험은 친밀감을 형성해 좀 더 끈끈한 관계를 만들 수 있다. 그리고 이것은 인간관계에서 가장 중요한 요소 중의 하나다. 상대의 감정에 별다른 관심이 없는 8번 유형은 이런 사실을 염두에 둘 필요가 있다.

내면의 약한 감정을 보이지 않기 위해 더 강하게 행동한다

앞에서 8번은 매일 전쟁 속에서 살고 있다고 말했다. 전쟁에서 승리하기 위해서는 죽음에 대해 크게 의미를 부여하면 마음이 약해져 방해가 될 수 있다. 적군의 죽음에 연민을 느끼는 순간, 살벌한 전쟁터에서 적군에게 칼 한 번 제대로 쓰지 못하고 자신이 죽음을 당할 수도 있다. 또한 감정적으로도 전쟁터는 견딜 수 없이 고통스러운 곳이 될 수 있다. 결국 전쟁터에서는 차가운 심장을 가진 자가 승리를 쟁취할 수 있다. 그래서 전쟁의 신 아레스, 사냥의 여신 아르테미스는 냉철하고 차가운 신으로 유명하다.

그리스 신화에는 처녀 사냥꾼 아탈란테가 난폭한 멧돼지와 대결하는 장면이 나온다. 많은 영웅을 죽인 멧돼지는 그녀에게 목숨을 잃고 만다. 남성 영웅들도 사냥하지 못한 멧돼지를 어떻게 여성인 아탈란테가 잡을 수 있었을까? 그녀는 멧돼지의 약점인 눈알에 창을 정확히 찔러 넣었다. 그렇게 사나운 멧돼지에게도 약점이 있었던 것이다. 8번은 이것을 두려워한다. 자신의 약점이 노출될까봐 상대와 거리를 유지하며 강함으로 무장하고 작은 약점이라도 꼭꼭 숨긴다. 8번에게는 그 약점이 바로 연약한 감정이다.

강인함이 곧 무기라고 생각하는 8번은 연약한 감정을 터부시한다. 자기에게는 그런 감정이 없는 양 행동하는데, 이들에게는 전쟁터에서 감정까지 무장해야 하는 절박함이 있다. 그 살벌한 곳에서 마음이 다치지 않고 살아남기 위해서는 약한 감정을 외면해야 하는 것이다. 이들은 자신도 약한 면이 있다는 사실을 인정하지 않을뿐더러 그것을 다른 사람들에게 들킬까봐 더욱 몸을 부풀리며 당당한 태도를 보인다. 사실 8번이 거친 언행을 내뱉는 것은 그 안에 숨어 있는 연약한 감정을 감추기 위한 면이 있다.

용감해 보이는 8번이지만, 이들은 의외로 상처를 잘 받는다. 바위처럼 단단한 8번의 마음속에는 사실 누구보다 사람들과 연결되고 싶어 하는 어린아이가 있다. 그 어린아이가 험한 세상에서 상처받기 쉬운 마음을 지켜내겠다고 결심하고 마음을 꼭 닫고 살고 있는 것이다. 그러나 8번은 마음의 문을 열어도 더 이상 상처받지 않을 정도로 자신이 충분히 강하다는 사실을 기억할 필요가 있다.

강함보다 공감을 갖출 때
더 강한 사람이 된다

──────────── 트로이 전쟁에서 오로지 분노의 힘으로 움직였던 아킬레우스는 한 노인을 만나고 난 뒤 성숙해진다. 그 노인은 트로이군의 장수 헥토르의 아버지 프리아모스였다. 아들을 죽이고 그 시신마저도 분풀이의 대상으로 삼은 원수 아킬레우스에게 프리아모스는 홀로 찾아간다. 그가 가족들의 만류에도 불구하고 죽음을 각오하고 위험한 적진의 한가운데로 들어간 이유는 아들의 시신을 돌려받기 위해서였다.

그의 방문을 의아해하는 아킬레우스에게 노인은 무릎을 꿇고 아킬레우스의 무릎을 부여잡았다. 그러고는 그의 손에 입을 맞추며 애원했다. "고귀한 아킬레우스여, 나와 동년배인 당신의 아버지를 생각해 나를 불쌍하게 생각해 주시오. 그분은 아무리 힘들어도 희망이 있소. 트로이에서 돌아올 아들, 당신이 있으니 말이오.

그러나 나는 정말 불행한 사람이오. 내겐 많은 아들이 있었지만 모두 잃고 마지막 남은 헥토르마저 최근에 당신 손에 죽고 말았소. 그러니 아킬레우스여, 당신 아버지를 생각해서 나를 제발 동정해주시오. 아들을 죽인 사람 앞에 무릎을 꿇고 그의 손에 입을 맞추는 아버지의 심정을 좀 헤아려주시오."

이에 견고한 바위 같던 아킬레우스의 마음이 움직였다. 감정이 없는 차가운 사람처럼 보였던 그는 놀랍게도 노인을 위로하며 헥토르의 시신을 깨끗이 씻어 넘겨주었다. 그리고 12일간 휴전을 선언해 트로이 사람들이 충분히 슬퍼할 수 있는 시간을 주고 장례를 도왔다.

〈일리아드〉 중에서 이 장면을 가장 좋아하는 사람이 많다. 아마도 지금까지의 아킬레우스에게서는 상상할 수 없는 새로운 면을 보았기 때문일 것이다. 감정을 무시하고 잔인한 복수에만 몰두했던 그가 애끓는 부성애에 감동해 마음의 빗장을 열어버린다. 강함의 상징인 아킬레우스는 연약한 마음을 내보인 상대에게 공감하여 함께 눈물을 흘리며 한 단계 성장해간다. 그리고 그는 상대를 애도하며 진정한 대인배의 모습을 보인다.

8번 유형은 모든 것을 해결하려고만 할 뿐 공감하려고 하지 않는다. 그러나 해와 바람의 대결에서 나그네의 외투를 벗긴 것은 바람이 아닌 따뜻한 해였듯이, 감정을 나누는 따뜻한 마음은 실제로 문제 해결에 큰 도움이 된다.

공감은 상대의 감정을 자신의 것처럼 느끼는 것이다. 공감하기 위해서는 강렬한 분노 뒤의 드러내고 싶지 않은 감정을 인정하고 함께 느낄 수 있어야 한다. 아무리 강한 사람이라도 약한 마음이 숨어 있을 수 있으며, 그것을 드러낼 때 치유된다는 사실을 아킬레우스는 원수의 아버지를 통해 경험할 수 있었다.

8번 유형은 일반적으로 감정형의 사람을 대하기 어려워한다. 그들이 감정을 드러낼 때 어찌해야 할지 몰라 당황스럽기 때문이다. 더욱이 그다지 중요하지 않은 감정이라는 것에 집착하는 감정형의 사람들을 이해하지 못한다. 그래서 8번에게는 공감만큼 어려운 일이 없다. 연약하고 상처받기 쉬운 감정이 상대뿐만 아니라 자신에게도 있음을 인정해야 하기 때문이다. 그렇기에 프리아모스에게 공감한 아킬레우스의 성장이 더욱 돋보인다. 그는 연민이라는 감정을 느낌으로써 인간의 연약함을 이해하게 되고 나아가 다른 사람과 자신의 실수에 너그러워질 수 있었다. 최고의 용맹한 전사이지만 공감할 줄 아는 아킬레우스처럼 8번이 강하면서도 따뜻한 마음을 갖게 되면 많은 사람으로부터 존경받는 인물이 될 수 있다.

사실 알고 보면 8번의 내면에는 사랑스러운 면이 존재한다. 강해 보이는 이면에 누구보다도 따뜻하고 부드러운 면이 있음을 드러내 보여주면 사람들은 8번의 반전 매력에 열광하게 된다. 8번의 마음속에는 때 묻지 않은 순수함이 살아 있기 때문이다. 강인해 보이는 모습 뒤에 따스함을 갖고 있는 8번은 마음을 여는 만큼 중요한 사람들과 더 깊이 있는 관계를 맺을 수 있다.

건강하게 자신의 감정을 표현하는 8번은 2번 유형의 장점을 보이며 더 성장하게 된다. 이들은 마음 깊은 곳에 숨겨놓았던 동정심을 발견하게 되어 자신의 힘을 다른 사람을 돕는 데 쓸 수 있게 된다. 원래 약자를 돕기 좋아하는 8번이지만 이제는 자기 영역을 지키기 위해서가 아니라 진심으로 다른 사람의 행복을 위해 행동하게 된다. 그리고 도움을 주고받는 것은 누군가 약해서가 아니라 사랑의 표현이며, 이것이 결코 자신의 정체성을 잃어버리게 하는 것이 아님을 알게 되어 진정 사랑을 실천할 수 있는 사람이 된다.

불굴의 의지를 보여준 8번 유형 마틴 루터 킹, 흑인의 역사를 바꾸다

――――――――― 세상을 바꾼 8번 유형의 인물이 있다.

1950년대 미국은 흑인에 대한 차별이 엄격한 사회였다. 버스에 빈자리가 있어도 흑인은 백인 전용좌석에는 앉을 수 없도록 정해져 있어 흑인들은 먼 거리도 서서 가야 했고, 공공기관이나 병원, 식당, 화장실도 백인과 함께 사용할 수 없었다. 백인이 흑인을 이유 없이 폭행해도 처벌받지 않는 그런 시대였다.

그런데 한 흑인 여성이 버스에서 백인 자리에 앉았다가 집단 구타를 당하는 사건이 발생한다. 이 사건을 계기로 흑인들은 버스승차거부운동에 나섰다. 흑인들은 백인들의 폭력에 맞서 폭력으로 대항한 것이 아니라 걸어서 가거나 이웃의 차를 이용해 출퇴근하는 비폭력운동을 전개했다. 이 운동의 중심에는 마틴 루터 킹 목사가 있었다. 그는 강인한 8번 유형이었기에 몇 번 씩이나 투옥되고 그의 집이 폭탄테러를 당했을 때 불의에 항거해 폭력적인 투쟁을 전개할 수도 있었다. 그러나 그는 끝까지 비폭력운동을 이어갔다. 이것은 단기적으로 눈앞에 보이는 성과가 없는 참으로 길고 지루하며 인내심을 요하는 투쟁이었다.

사람들이 지칠 때마다, 투쟁을 중단시키려는 정부의 폭력이 있을 때마다 마틴 루터 킹은 나서서 사람들을 끊임없이 격려했고, 비폭력적인 행진 등으로 인권운동을 이끌었다. 그리고 역사에 길이 남은 명연설을 했다.

나의 친구인 여러분에게 말씀드립니다. 고난과 좌절의 순간에도, 나는 꿈을 가지고 있다고.

나에게는 꿈이 있습니다.

노예의 후손들과 노예 주인의 후손들이 형제처럼 손을 맞잡고 나란히 앉게 되는 꿈입니다.

나에게는 꿈이 있습니다.

불의와 억압이 존재하는 미시시피 주가 자유와 정의의 오아시스가 되는 꿈입니다.

나에게는 꿈이 있습니다.

내 아이들이 피부색을 기준으로 사람을 평가하지 않고 인격을 기준으로 사람을 평가하는 나라에서 살게 되는 꿈입니다.

지금, 나에게는 꿈이 있습니다.

석양이 지는 오후, 창밖의 풍경을 바라보면서 아름다운 이야기를 나누고 싶지 않으십니까?

형제자매, 이웃들과 함께 즐겁게 식사를 하면서 저마다의 꿈을 나누는, 그런 자유와 평화를 누리는 그 날이 멀지 않았음을 저는 확신할 수 있습니다.

여러분, 그 날이 올 때까지 용기와 희망을 가집시다!

그는 세상이 쉽게 바뀌지 않는다는 사실을 분명히 알고 있었다. 폭력적인 세상에 맞서 승리하기 위해서는 끊임없는 노력과 의지, 땀과 인내가 필요하다는 사실을 알았던 그는 위기의 순간에 꿈을 이야기했다. 이것은 평범한 꿈을 이루기 위해 끝까지 포기하지 않도록 많은 흑인의 마음을 움직였다. 이 연설을 듣고 수많은 흑인이 마틴 루터 킹의 열정과 진실성에 감동해 강력한 꿈과 용기를 다시 한 번 다져나갈 수 있었다.

그에 대한 위협은 멈추지 않았고 결국 그는 39세의 젊은 나이로 암살당했다. 그러나 그의 말은 여전히 살아남아 흑인들에게 나아갈 길의 등대가 되어주었다. "그들이 나를 죽인다면 나는 내 생명을 양보하겠다. 하지만 희망은 계속 살아 있을 것이다."

우리는 마틴 루터 킹을 통해 건강한 8번이 자신을 희생해 더 큰 가치를 만들어나가고 그러한 신념이 사람들에게 꿈과 용기를 심어줌으로써 세상에 크게 기여할 수 있음을 볼 수 있다.

8번 유형이 성공적인 인간관계를 만들려면

8번의 행동력은 따라갈 자가 없을 정도로 뛰어나다. 그러나 모든 일에서 강하게 밀어붙이는 것만이 해결책이 아님을 알아야 한다. 8번과 달리 생각이 많은 머리형이나 행동이 느린 9번 유형에게는 무엇을 결정하는 것도 어렵고, 행동에 나서는 데도 시간이 많이 걸린다. 8번은 상대가 할 수 있는 시간을 주고 너그러운 마음으로 기다려 주는 자세가 필요하다.

주변에 사람은 많은데 정작 외롭다고 느끼는 8번이 많다. 8번의 특성상 사람들과 일정한 거리를 유지하려 하기 때문이다. 이들은 자신의 약한 면을 상대가 알아챌까봐 강한 말투와 표정으로 무장하고 있다. 그러나 사람들은 겉으로는 강해 보이는 8번의 연약한 내면을 볼 때 '저 사람이 이렇게 인간적인 면이 있었네!' 라고 생각해 친밀감을 느껴 다가오게 된다. 우리가 살고 있는 세상은 살아남아야 하는 정글과도 같지만 그럼에도 따뜻한 마음과 끈끈한 관계가 없이는 살아갈 수 없는 곳임을 기억해야 한다. 아울러 8번 자신의 내면에 따뜻함이 존재하고 있음을 기억하자.

당신 주변에 8번 유형이 있다면

명확한 것을 좋아하는 8번에게는 Yes인지 No인지 확실하게 즉각적으로 반응할 필요가 있다. 특히 9번의 우유부단함, 6번의 망설임을 8번은 기다려주지 않는다. 또한 8번의 다소 거친 표현은 그 사람의 특성일 뿐, 상대를 공격하고자 하는 의도가 아닐 경우가 많다. 8번의 말투와 표정 하나하나에 상처받을 필요가 없다.

8번은 상대가 자신에게 대항한다고 느낄 때 분노가 치밀어 오르고, 분노의 크기도 매우 크다. 분노에 휩싸인 8번과 싸우는 것은 불구덩이에 기름통을 들고 뛰어드는 격이다. 8번의 화가 가라앉을 때까지 그 자리를 피하는 편이 낫다. 필요하다면 8번이 안정될 때까지 기다렸다가 자신의 의견을 솔직하게 말해도 좋다. 이들은 에둘러 말하는 것보다 솔직하고 직선적인 표현을 좋아한다. 또한 8번의 분노에 찬 행동이 상처가 되었다면 그것도 있는 그대로 표현해서 알려주는 편이 좋다.

강해 보이는 겉모습과 달리 알고 보면 누구보다 여리고 정이 많은 사람이 8번 유형이다. 맞서 대결하려 하지 않고 열정적인 태도로 대할 때, 이들은 힘들 때 기댈 수 있는 따뜻하고도 든든한 버팀목이 되어줄 것이다.

제9장

9번 유형 평화주의자 - 헤스티아

모두가 평화로우면 좋겠어요

평화와 조화를 지향하는
9번 유형 헤스티아 여신은 왜 존재감이 없을까?

━━━━━━━ 화로의 여신, 가정의 수호신이라고 불리는 헤
스티아는 올림포스의 신들 중 가장 알려져 있지 않은 신이다. 그
녀는 제우스의 누이이고, 헤라의 언니로 크로노스와 레아의 3남
3녀 중 맏이로 끝까지 결혼하지 않고 처녀로 살았다. 그래서 남편
이나 자녀 등 가족 간의 분쟁에 휘말릴 일이 없었던 그녀는 다른
신들과는 달리 유명한 일화가 없다.

그녀는 조용하고 수수한 성격으로 신들의 싸움에 말려들지 않
았다. 대부분의 신들이 둘로 나뉘어 참여했던 트로이 전쟁에도 관

여하지 않고 올림포스에 남아 그저 화롯가에서 불을 지폈다. 그녀는 얌전하고 상냥한 성격으로 다른 이와 갈등 한 번 일으키지 않았고, 평화를 사랑해서 신들의 권력 다툼이나 음모, 복수에 휘말리지 않고 언제나 한 발 물러나 조용히 지켜볼 뿐이었다.

헤스티아에게 갈등이 없는 이유는 큰 욕심이 없었기 때문이다. 그녀에게는 최고의 미녀로 인정받고 싶다거나, 최고의 권력을 갖고 싶다거나, 세상 모든 곳을 탐험하고 싶다는 등의 욕망이 존재하지 않았다. 그녀의 모습은 마치 조용한 수도원의 여사제를 떠올리게 한다.

옆에만 있어도 마음이 편안해질 듯한 헤스티아는 에니어그램의 9번 유형이다. 9번의 별명은 '평화주의자'다. 이들은 갈등 없이 여유롭게 모두를 끌어안아주는 사람들이다. 이들에게는 그 무엇보다 평화가 중요하다. 그래서 자신을 둘러싼 주변도, 자신의 마음도 평화롭게 하기 위해서 누구보다 노력한다. 이들은 헤스티아처럼 온화한 얼굴로 조용히 자기 자리에서 느릿느릿 행동하며 사람들과 안정적으로 지내기를 좋아한다.

'평화'라고 하면 우리는 좋은 의미로 생각하지만, 9번에게 평화는 아무것도 일어나지 않는 상태를 의미한다. 그러나 세상사는 9번이 아무 일도 만나지 않도록 가만두지 않는다. 우리가 좀 더 발전적인 삶을 살기 위해서는 노력과 도전이 필요하기에 사람들은 계속해서 무슨 일인가를 한다. 현재 상태에 대한 불만이 있는 1번은 좀 더 나은 세상을 만들기 위해 개혁하려 하고, 성공하고 싶은 3번은 좀 더 나은 자신을 만들고자 계획을 세우고 끊임없이 노력하며 살아가며, 자기를 확장시키고 싶은 8번은 도전을 거듭하며 현재의 자신을 넘어서고자 한다. 그래서 아무 일도 일어나지 않는 평화를 바라는 9번의 열망은 안타깝게도 이루어질 가능성이 매우 희박하다. 그럼에도 불구하고 앞으로 이야기할 9번의 행동은 대부분 이루어지기 어려운 평화를 지키고자 하는 바람에서 비롯된다.

헤스티아는 다른 신들과 달리 자신을 내세우지 않는다. 스스로를 특별하지 않다고 규정해 버리고 항상 뒤에 물러나 있다. 9번 유형은 절대 앞에 나서거나 다른 사람의 주목을 끌려고 하지 않는다. 다른 사람이 보기에 겸손한 행동으로 보일 수 있지만, 이 역시 평화를 지키기 위한 행동이다. 남들 앞에 나서는 스트레스를 감당하고 싶지 않고, 특별하지 않은 자신은 그냥 뒷자리에서 편안하게 있는 것에 만족한다. 기대가 없으면 실망도 없기 때문이다. 9번의 평화를 지키는 방법은 바로 기대 수준을 낮추는 것이다.

9번 유형이 그토록 원하는 평화를 정말 얻을 수 있을지는 이들의 성숙 정도에 달려 있다.

따뜻한 화로처럼
사람들을 모이게 하고 감싸준다

헤스티아는 태어났을 당시에는 올림포스의

열두 신에 속했다. 그러나 이후 제우스의 아들이자 술의 신 디오니소스에게 그 자리를 내주었다. 디오니소스가 유명해지자 제우스는 그를 열두 신의 자리에 앉히고 싶어 했지만 더 이상 자리가 남아 있지 않았다. 이때 헤스티아는 조용히 물러나 화로 앞에 의자를 놓고 앉아 디오니소스에게 자리를 양보했고, 이후 어떤 불만도 품지 않았다. 9번 유형은 이처럼 문제가 생기면 분쟁 없이 해결하기를 원하고, 갈등을 없애기 위해서라면 자신의 자리를 내어주는 것까지도 수용한다.

또 헤스티아에게는 이런 일도 있었다. 헤스티아의 미모가 뛰어나 그녀를 흠모하는 남성 신들이 몇 명 있었다. 태양의 신 아폴론과 바다의 신 포세이돈이 그녀를 흠모해 그녀에게 구혼하며 다투었다. 그러자 헤스티아는 둘 중 한 신을 선택한 것이 아니라, 영원히 처녀로 살겠다는 맹세로 싸움을 중재했다. 제우스는 이를 아름답게 여겨 그녀에게 결혼이라는 선물 대신 집안의 중심에서 고결하게 인간들에게 추앙받으며 처녀로 살아갈 수 있도록 해주었다.

이처럼 9번은 자신으로 인해 불화가 생기는 상황에서 스스로 물러나 평화를 유지하고자 한다. 만약 이들이 이 상황에서 제삼자라면 뛰어난 중재자 역할을 한다. 9번은 1번부터 8번까지 모든 유형의 성격을 조금씩 다 갖고 있다. 그래서 이들은 그 어떤 유형의 입장도 잘 이해하고 그들의 편을 들어준다. 많은 사람이 불화를 겪으면 9번을 찾는다. 마음 편히 이야기할 수 있는 분위기를 만들어주고 그들의 이야기를 누구보다도 잘 들어주며 수용적이기 때문이다. 9번은 비판적으로 잘잘못을 따지기보다는 그저 양쪽의 입장에서 이야기를 들어준다. 그렇게 한참을 듣고 있자면 9번이 보기에는 이 사람 말도 맞는 것 같고, 저 사람 말도 맞는 것처럼 느껴진다. 결국 '양쪽 다 맞는 말이니 내가 화해시켜야지'라는 생각으로 중재자 역할을 하게 되는 것이다. 평화를 좋아하는 이들이기에 중재가 성공해 양쪽이 화해하게 되면 뿌듯함을 느낀다.

헤스티아는 화로를 지키는 여신이다. 좀 더 자세히 말하면 그녀는 화로의 '불'로 상징된다. 헤스티아의 불은 타오르는 분노의 표현이라기보다는 집안의 중심을 지키는 따뜻한 화목을 상징한다. 집 안에 화로가 있다면 그곳은 식구들이 모여 도란도란 이야기를 나누며 서로 연결되는 장소일 것이다. 사람들을 한데 묶고, 모두 모일 수 있도록 화로를 지키는 여신이 헤스티아, 즉 9번 유형이다. 그녀는 꺼지지 않는 불처럼 사람들 사이를 연결해주고 따뜻하게 감싸주는 역할을 기꺼이 맡아서 한다.

헤스티아가 지키는 동그란 화로는 통합의 원을 상징한다. 9번을 에니어그램의 왕관이라고 부르는데, 에니어그램 원의 가장 위쪽에 자리잡고 모두를 수용하는 자세를 보이기 때문이다. 에니어그램의 모든 유형은 9번에서 파생되었다고 보기도 한다. 따라서 모든 유형의 장단점을 보이는 9번은 자기만의 정체성을 갖기가 어렵다. 화로는 집 안의 배경이기에 드러나지 않고 항상 그 자리에서 모두를 아우르며 지켜볼 뿐이다.

거절을 잘 못해서
문제를 만들기도 한다

━━━━━━━━ 큰 도전을 앞두고 있을 때, 누군가와의 관계
에 문제가 생겼을 때 일단 자고 나서 생각해보자는 유혹을 느낀다
면 당신은 9번일 가능성이 높다. 누군가는 이들에게 이렇게 말할
것이다. "지금 이 상황에서 잠이 와?" 다른 유형에게는 이해되지
않을지도 모르지만 9번은 잠으로 스트레스를 푼다. 이유는 잠자
는 동안은 이 꼴 저 꼴 보지 않아도 되기 때문이다.

세상은 절대로 평화롭지 않다. 갈등이 난무하는 세상에서 9번
이 평정심을 갖고 살아가기 위해서는 잠을 자면서라도 눈을 감고
귀를 막고 싶은 것이다. 눈과 귀를 닫아버린 사람들에게는 심각한
일이 별로 없다. 남들에겐 심각한 상황에서도 그들은 덤덤하고 태
평하기만 하다. 더 큰 문제는 해결해야만 하는 일을 앞둔 9번은
그 문제를 회피해 버리고 싶어서 잠을 자거나 게으름을 피운다는
것이다.

9번의 게으름은 움직이지 않고 활동하지 않는 그런 게으름이
아니다. 오히려 부지런하고 바쁘게 돌아다니는 9번 유형도 많
다. 이들의 게으름은 내면의 평화가 깨질까봐 자발적으로 나서
서 행동하지 않는 것이다. 부지런하게 활동하지만 정작 자기가
해결해야 하는 문제에 대해서는 게으른 반응을 보이며 덮어두려
한다는 것이다. '문제를 문제인 줄 모르는 것이 9번의 문제'라
고 할 수 있다. 중요한 것과 그렇지 않은 것을 판단해 우선순위

를 정해 해결해야 함에도, 9번은 중요치 않은 문제에 매달려 열심히 한다. 이들은 그다지 중요하지 않은 일에 시간을 보내며 중요한 문제를 미룰 수 있는 한 끝까지 미뤄서 주변 사람들을 답답하게 만든다.

친한 친구의 팀장이 9번 유형이다. 친구는 항상 웃는 얼굴에 싫은 티 한 번 안내는 팀장을 처음에는 좋아했다. 그런데 함께 일하는 시간이 많아질수록 뭔가 일이 말끔하게 해결되지 않고, 팀장과 함께하는 일은 마감을 지키기 어려워지는 경우가 많아졌다. 마감이 코앞으로 다가와 팀원들이 기다리다 못해 "팀장님, 그거 빨리 해주세요"라고 외치면, "어, 그래? 해야지. 허허"라고 대답만 하고 정작 그 일은 하지 않는다. 그런데 팀장은 계속해서 다른 뭔가를 몰두해서 하고 있기에 그의 자리에 가서 보면 나중에 해도 되는 일을 엄청 열심히 하고 있다고 한다. 팀원들은 기한 내에 일을 마칠 수 없을 듯싶어서 속이 타들어가는데 팀장은 천하태평인 것이다.

9번은 자기가 해결해야 하지만 신경 쓰고 싶지 않은 일이 있으면 다른 일에 몰두하며 그 일은 완전히 잊어버린다. 결국 정작 해결해야 하는 일을 돌보지 않아 문제가 터지기 일보 직전에 동료들이 발견해 처리하게 된다. 감당하기 힘든 일이라면 미리 말을 해서 조정하거나 문제가 생기기 전에 해결을 해야 함에도 이들은 일이 주어졌을 때 절대 "안 됩니다"라고 말하지 않기 때문에 많은 일을 떠안고 더 큰 문제를 만들어버린다.

최근 '멍때리기 대회'에 사람들의 관심이 쏠리고 있다. 들판에 모여앉아 아무것도 하지 않고 아무 생각 없이 가만히 오랫동안 버티면 우승하는 대회다. 만약 여기에 9번 유형이 참가한다면 우승은 이들에게 돌아갈 것이 분명하다. 이들은 애쓰지 않아도 멍때리기에 익숙하기 때문이다.

스트레스를 받는 상황에서 이들은 내면으로 빠져든다. 마음속에 자기만의 방을 만들어놓고 그 안으로 들어가서 조용히 있고 싶어 한다. 몸은 현실에 있으나 영혼은 다른 곳에서 쉬고 있다. 남들의 요구에 맞춰 몸은 행동하고 있지만 진짜 자기는 그 장소에 없는 듯하다. 이렇게 해서 마음의 평화를 얻을 수도 있지만, 이들은 점점 주변 상황에 무감각해지고 현실을 잊게 된다. 이는 그들이 바라는 진정한 평화라고 보기 어렵다.

모든 것을 무조건 긍정적으로 바라보는 것은 진정한 긍정주의가 아니다

9번이 무감각한 데는 이유가 있다. 9번은 부정적인 무언가를 노력해서 바꿔야 할 필요성을 느끼지 않으며, 많은 상황을 긍정적으로 바라본다. 부정적인 면은 자기도 모르게 외면하고 어떻게든 무의식 속으로 꼭꼭 숨기려 한다. 부정적인 것은 마음의 평화를 해치기 때문에 이를 보지 않기 위해 애쓰고, 그러다 보니 멍해지는 것이다.

이들은 자신을 긍정적이고 평화로운 사람으로 평가하기에 '긍정적인 게 대체 무슨 문제야?'라고 생각한다. 9번의 머릿속에선 끊임없이 이런 생각이 지나간다. '지금 이대로도 좋잖아? 왜 움직여야 하는데? 왜 바꿔야 하는데?' 그러나 그 긍정성이란 거짓된 평화를 위한 것에 불과하다.

진정한 긍정주의와 맹목적인 긍정주의는 사실상 다르다. 9번이 문제를 무시하는 것은 행동하고 싶지 않고 변화시키고 싶지 않은 게으름 때문이다. 이것은 맹목적인 긍정주의다. 문제를 똑바로 바라보지 못하고 무조건 괜찮다고 생각하는 것은 더 큰 문제를 야기한다. 문제가 삶에 큰 위기를 만들어 코앞까지 닥쳐와도 혼자서 평온한 상태로 움직이지 않게 하는 것이다.

진정한 긍정주의는 현실을 망각하고 부정적인 것까지 긍정적으로 받아들이는 것이 아니다. 잘못된 것은 비판적으로 바라보고 고치려는 노력을 하되, 잘될 거라는 희망을 잃지 않는 것이다. 이를 위해서는 부정적인 현실을 정확히 인식하고 변화시킬 수 있는 용기가 필요하다.

존재감을 드러내지 않는 것의 양면성

────────── 6번 유형과 9번 유형 커플의 대화를 들어보자.

6번 유형 : 오늘 뭐 먹고 싶어?

9번 유형 : 난 아무거나 좋아. 자기는?

6번 유형 : 나도 모르겠어. 자기가 먹고 싶은 걸 말해봐.

9번 유형 : 자기가 먹고 싶은 건 다 좋아.

결정장애를 갖고 있는 둘은 과연 무엇을 먹게 될까? 아마도 사람들이 많이 가는 식당에서 제일 잘 나가는 메뉴를 먹지 않을까? 9번은 어떤 상황에서 자기 의견을 주장하는 법이 없다. 혹시나 타인과 의견이 다를 경우 조정해야 하기 때문에 아예 의견을 제시하지 않고 대부분 대세를 따른다. 평화롭지 못할까 두려운 이들의 또 다른 두려움은 '타인과의 연결이 끊어지는 것'이다. 그래서 이들은 자기 의견이 갈등을 유발해 다른 사람과의 관계에 문제가 생길까봐 어떤 주장을 내세우지 않는다. 이들은 자기주장뿐만 아니라 타인에게 싫은 소리도 잘 못한다. 그런 역할을 해야 하는 자리에서조차 좋은 사람이 되고 싶은 이들은 의도적인 것은 아니지만 다른 사람에게 악역을 맡긴다.

이들은 어릴 때부터, 심지어 미운 세 살에도 자기주장을 내세우지 않고 어른들의 의견을 조용히 따르기 때문에 순둥이, 착한 아이로 불린다. 그리고 커서는 누구에게나 '사람 좋은' 인상을 심어준다. 원만한 인간관계로 불화를 일으키지 않는 것은 이들에게 큰 자부심이다. 9번은 주변 사람과 싸울 일이 별로 없다. 그럴 일이 생기면 9번이 피해버리고 감정을 표현하지 않기 때문이다. 보통 남자아이들은 어릴 때 친구들과 한 번씩은 주먹다짐을 하지만 9번 유형인 나의 친구는 학창시절 거친 아이들 사이에서도 싸움

한 번 해본 적이 없다고 언제나 자랑을 늘어놓는다.

선거운동 당시 문재인 대통령의 별명은 '고구마'였다. 마치 고구마를 먹은 듯 답답하다는 뜻인데, 정치인으로서 명확하게 자신의 입장을 보여주어야 하는 상황에서도 선명하게 자기 의견을 내놓지 않아서 생긴 별명이다. 할 말이 없는 게 아니라 9번 유형인 그는 고려해야 할 것들이 너무 많기 때문에 선명한 자기주장이 잘 나오지 않는 것이다. 심지어 대선토론회에서조차 다른 후보들의 공격에 맞서 자기주장을 펼치며 싸우는 모습보다는 그저 듣고 속으로 삭이며 말을 하지 않는 것으로 맞서는 의견을 표현해 많은 지지자들을 답답하게 했다. 카리스마 있는 지도자를 원하는 사람들로서는 9번의 모호함이 답답하게 느껴질 것이다. 그러나 자기주장을 큰 목소리로 내세우는 대신 남들의 의견을 들어주고 공격 대신 인내하는 것은 9번 유형의 장점이기도 하다.

올해로 20년차 국내 최장수 혼성그룹 코요태의 리더는 김종민이다. 많은 사람이 코요태 하면 신지를 떠올리지만, 사실 많은 어려움에도 묵묵히 리더의 자리를 지켰던 사람은 김종민이다. 그를 생각하면 선한 웃음이 가장 먼저 떠오른다. 예능 프로그램에 출연한 그에게 "코요태의 장수 비결은 당신이 리드를 잘했다기보다 신지의 비위를 잘 맞춰준 것 아니냐?"는 다소 기분 나쁠 법한 농담에도 "맞다"고 바보같이 웃으며 인정하는 어리바리한 모습에 그의 별명은 '신난 바보'를 줄여 '신바'라고 붙여졌다.

신바 김종민은 9번 유형이 조용하지만 얼마나 힘을 주는 리더인지, 바보 같은 미소에 숨겨진 그들의 진정한 힘을 알 수 있게 해준다. 사람 사이의 연결을 중시하는 그는 코요태를 지키기 위해 자신보다 멤버를 돌보이게 하고 말없이 궂은일을 해왔다. 한번은 신지가 이런 고백을 한 적이 있다. "무대공포증으로 3년간 수입이 없을 때 유일하게 연락해준 사람이 김종민이었다. 그러고는 '그동안 코요태 지키느라 고생 많았다. 이제 내가 지킬테니 편히 쉬어라'라며 아무것도 묻지 않고 용돈을 보내주기도 했다."

빽가가 뇌종양으로 수술을 하고, 신지가 성대결절로 활동하지 못하자 김종민은 코요태를 지키기 위해 예능 프로그램에 출연해 바보 이미지를 연출하며 그들의 빈자리를 채웠다. 특별한 것 없는 그를 사람들은 주목하지 않았음에도 그는 있는 듯 없는 듯하면서도 꾸준히 자리를 지켜갔다. 튀어야 살아남는 예능에서도 나서려 하지 않으며 자기를 주장하지 않는 김종민은 9번 유형이다.

다른 사람들은 모두 수용하면서 자기 의견을 내세우지 않는 9번은 그리스 신화의 헤스티아처럼 있는 듯 없는 듯 투명인간 취급을 받는 경우도 있다. 많은 화가와 조각가가 그리스 신들에 대한 관심으로 그들의 모습을 의인화한 작품을 수없이 창작했지만, 헤스티아에 대한 작품은 거의 없다. 헤스티아는 유일하게 자기 모습이 없는 여신이다. 9번은 자기 자신이 문제가 되는 것을 피하기 위해 지극히 소극적으로 행동하기에 존재감까지 잃어버린 것이다. 이것이 반복되면 사람들은 이들을 조심스럽게 대하지 않고 무시하며, 손해를 보면서도 타인에게 전적으로 맞춰주는 9번을 심지어는 호구로 보기도 한다.

9번은 어려운 상황에서도 '힘들지만 내가 안고 갈게' 라는 마음에서 문제를 덮고 가는 것임에도 상대가 자신의 그러한 수고를 인정해주지 않으면 스트레스를 받는다. 이들은 생색을 내거나 자기를 드러내려고 하는 의도라기보다는 단지 조금이라도 자신의 마음을 알아주고 고맙게 생각했으면 하는 바람을 갖고 있다.

이렇게 되면 9번은 더욱더 움츠러들고 자신만의 환상세계로 빠져든다. 사실 이들에게도 타인에게 중요한 사람으로 인정받고 싶은 마음이 있다. 그것을 드러내지 않을 뿐이다. 사람들과의 연결성에서 자존감을 찾는 이들은 그러한 욕구가 충족되지 않으면 문제가 생긴다. 이제 이들은 스스로를 중요한 사람이 아니라는 자기비하를 하게 된다.

자기를 주장하지 않는 9번 유형은 결국 자신이 원하는 게 뭔지 모르게 된다. 남들과 연결되기 위해 자신의 내면과는 연결을 끊는다. 타인과의 연결을 위해서는 자신의 분노도 없어야 한다고 믿으며, 실제로 부정적인 감정을 잘 인식하지 못한다. 착한 사람이 되기 위해 자신이 진정 원하는 것이 무엇인지, 자신의 감정은 어떠한지를 보지 못한다면, 이것이 곧 9번 유형이 자신의 문제를 인식하고 성장하기 위한 신호라 할 수 있다. 이때 이들은 표면적으로만 평화로운 상태를 유지한다.

본능형임에도 감정을 드러내지
못하는 모순

━━━━━━━━ 자기를 주장하지 않는 9번 유형은 평소에 말이 없다. 그런데 이들은 자기 생각이 없는 것이 아니라 고려할 것이 너무 많기 때문에 침묵하고 있는 것이다. 그래서 한번 말하기 시작하면 끝이 없다. 그동안 담아두었던 생각들을 한꺼번에 쏟아내서 듣는 사람을 힘들게 하기도 한다. 그래서 나는 9번 유형의 친구가 말을 시작하면 이렇게 말한다. "제발 결론부터 말해줘." 그러나 9번은 평소에 남들의 이야기를 잘 들어주기 때문에 상대도 자기처럼 끝까지 잘 들어주기를 원한다. 이때 9번의 주변 사람들은 그의 말을 잘 들어줄 필요가 있다. 그렇지 않으면 그동안 보지 못했던 이들의 무서운 모습을 보게 될지도 모른다.

그렇다면 이들이 평소에 말하지 못한 생각과 감정은 어디로 간 것일까? 그것은 이들의 무의식에 차곡차곡 저장되어 있다. 겉으로는 평온한 상태를 유지하고 있지만 속은 부글부글 끓고 있는 상태인데, 9번은 평소에는 그것을 인식하지 못한다. 그러나 9번은 본능형에 속한다는 사실을 기억해야 한다. 본능형은 자기 의견을 스스로 결정하고 싶어 하고, 타인에게 영향 받기를 원치 않는다. 그럼에도 "NO"라고 의사 표현을 못하는 이들은 겉으로는 상대의 의견에 "Yes"라고 하지만 정작 행동은 하지 않는다. 문제를 일으키고 싶지 않아서 아예 행동하지 않는 편을 선택하는 것이다. 예를 들어 이런 식이다.

9번이 친구들과 함께 놀러가기로 했다. 어디로 갈까 고민하다가 각자 의견을 내놓는다. A는 산에 가자고 주장하고, B는 바다로 가자고 말한다. 9번은 속으로는 계곡이 좋다고 생각하지만 의견을 말하지 않는다. 이들은 바다에 가기로 결론내리고 말이 없는 9번도 동의했다는 생각에 다음 날 만나기로 약속을 잡는다. 그러나 약속시간이 되면 9번은 약속 장소에 나오지 않고 집에서 자고 있다.

순해 보이는 9번은 사실 엄청난 고집쟁이다. 한번 안하겠다고 마음먹으면 절대 움직이지 않는다. 이들은 이렇게 수동적인 공격을 통해 소극적으로 분노를 표현한다.

그러나 분노가 핵심 정서인 본능형 9번의 에너지는 8번이나 1번처럼 강력하다. 수동적 공격을 통해서는 그 거대한 분노를 표현하기에는 한계가 있어서 꾹꾹 참다 한 번에 강렬하게 터뜨린다. 숨겨져 있다가 한 번에 터지는 분노의 크기는 엄청나다. 그때그때 인식되고 표현되지 못해 쌓인 분노는 응집된 만큼 배로 폭발한다. 주변 사람들은 이때 깜짝 놀라 뒷걸음질 치게 되고, 9번은 분노를 표출한 것을 후회한다.

이런 일의 반복으로 9번은 자기 안에 숨겨진 분노에 대해 무의식적으로 알고 있다. 이들은 자신이 억누르고 있는 엄청난 폭력성을 두려워한다. 자신이 분노를 표현하면 평화롭지 않은 자신을 다른 사람들이 떠나버릴지도 모른다는 두려움이다. 그렇게 되면 9번이 가장 중요하게 생각하는 다른 사람들과의 연결이 끊어지고, 이들은 이제 삶의 기쁨을 잃게 된다. 9번 유형은 마치 끊임없이 분노를 조절해야 하는 마블 캐릭터 '헐크'와 같다. 평소 순하고 불안한 모습의 과학자 브루스 배너는 분노가 정도를 넘어서는 순간 녹색 괴물 헐크로 변하게 되고, 변신한 헐크는 공격적이고 파괴적이며 누구의 통제도 불가능해진다. 자신의 변신을 잘 알고 있는 브루스 배너 박사는 헐크로 변하지 않기 위해 끊임없이 분노를 적절하게 조절하며 살아간다. 헐크의 대사 "나 화나면 무섭다"처럼 9번은 무서운 자신을 경험하지 않기 위해 분노를 억누르고 살아가는 것이다.

그러나 9번의 많은 문제는 결국 분노를 회피해서 생기게 된다. 화나지 않기 위해 무감각해지고, 그러다보니 게을러지며, 문제를 직면하지 않는 게으름은 주변 사람들과의 관계에서 문제를 일으킨다. 이로써 결국은 9번이 그토록 원하는 마음의 평화와 다른 사람과의 연결을 잃게 되는 것이다. 그래서 9번은 마음속의 분노를 알아차려야 한다. 자신이 중요하지 않은 투명인간 취급을 받거나 남들에게 푸대접을 받을 때 그 자리에서 화를 내야 한다. 그래야 9번의 고착인 게으름에서 벗어날 수 있다. 분노는 결코 옳지 못한 감정이 아니다. 이는 자신을 보호하기 위해 꼭 필요한 감정이며, 적절하게 인식하고 표현할 때 나와 상대의 건강한 관계를 만들어 갈 수 있다.

이런 점에서 9번 유형은 본능형임에도 가장 본능을 활용하지 못하는 유형이다. 앞에서 이야기한 것처럼 본능은 에너지가 크다. 본능형의 중심에 있는 9번이 자신의 본능 에너지를 인식한다면 그 누구보다도 변화가 크고, 엄청난 힘을 발휘할 수 있다.

자존감을 갖기 위해 내면을 바라보는
시간이 필요하다

―――――――― 9번이 지속적으로 스트레스를 받게 되면 더욱 움츠러든다. 이제 이들은 건강하지 않은 6번처럼 주변의 모든 것을 의심하기 시작한다. 긍정적이고 자족적이었던 이들은 6번처럼 불안한 미래에 대해 걱정이 많아지며 최악의 상황을 상상하기도 한다. 느긋했던 9번이 불안을 해결하기 위해 전전긍긍하며 일에 집착하는 모습을 보인다.

이들은 이제 자신의 평화를 깨뜨리는 상대에 대해 불평불만을 드러낸다. 이들은 6번과 같은 공포대항형처럼 그동안 쌓아온 분노를 드러내지만, 분노의 원인을 찾으려는 노력은 하지 않는다.

그렇다면 어떻게 분노해야 하는가? 9번은 그때그때 분노를 표출해야 한다. 우리는 분노를 두려워한다. 화산처럼 폭발하는 분노는 어느 누구에게도 도움이 되지 않는다고 생각한다. 그러나 쌓아놓았기 때문에 폭발하는 것이다. 그래서 마치 압력밥솥에서 김을 빼듯 내면에 차오르는 분노를 조금씩 빼내주어야 한다. 조그만 사건이 자신을 불편하게 할 때, 9번은 '별것 아니니까 그냥 내가 참고말지 뭐'라고 생각해서 말하지 않는다. 그러나 바로 이때 감정을 표현하는 연습이 필요하다. 내 감정에 주의를 기울여 불편한 마음이 무엇인지 알아내야 한다. 먼저 '아, 내가 지금 화가 났구나'를 알아차리고, 그 감정을 몸으로 느껴보자. 얼굴로, 몸으로 자연스럽게 표현되도록 놓아두자. 그렇게 분노와 친해지고 나면 그 감정이 그리 두렵게 느껴지지 않을 것이다. 이렇게 자신의 분노를 이해한 후, 감정의 골이 깊어지기 전에 상대방에게 분노의 감정을 말해도 괜찮다.

9번에게 분노에 대해 이야기하면 이들은 화가 나지 않는데 어쩌냐고 반문한다. 이런 사람들은 평생 화를 회피하는 것이 습관이 되어 아예 화를 느끼지 못하는 사람이 된 것이다. 그래서 주변에서 누군가 화를 내거나 불화가 생기면 긴장하고 불안해한다. 자신의 억눌린 분노가 자극받을까봐 두렵기 때문이다. 이럴 때에도 매 순간 감정을 느끼기 위해 노력해보자. 9번에게는 감정을 느끼고 표현하는 연습이 매우 중요하다.

감정을 상대방에게 바로 표현하기 어렵다면 다른 사람에게 말해보는 것도 좋은 방법이다. 9번의 장점은 따뜻한 마음으로 다른 사람의 이야기를 들어주는 것이다. 9번은 자신도 감정을 표현하기를 원한다는 사실을 알아야 한다. 주변에 믿을 만한 누군가를 찾아가 자신의 스트레스와 분노를 말함으로써 감정을 내면에 쌓지 말아야 한다. 감정은 꼭 감정을 일으킨 사람에게 표현해야 하는 것은 아니다. 그러나 잊지 말아야 할 사실은 장본인에게 표현해야 근본적인 해결이 가능하다는 점이다.

분노가 생기기 전에 할 수 있는 일도 있다. 원치 않는 상대의 제

안에 "No"라고 해보는 것이다. 상대의 의견과 다른 생각을 갖고 있다면 힘센 두 신의 구혼을 거부한 헤스티아처럼 그 앞에서 자신의 의견을 표현해보라. 지성의 대표 아폴론과 감성의 대표 포세이돈도 결국 헤스티아를 자기중심에서 끌어내지 못했다. 만약 그녀가 이성적인 아폴론에게 굴복했다면 헤스티아의 본능형으로서의 직감을 포기해야 했을 것이고, 포세이돈에게 갔다면 휘몰아치는 감정의 물결이 헤스티아의 불을 꺼버렸을 것이다. 헤스티아는 자신의 소중한 삶을 지켜내기 위해 이들에게 분명히 "No"라고 표현했던 것이다. 중심을 잘 지키고 있다면 자신을 지켜낼 수 있다. 9번에게 필요한 것은 '자기를 잃어버리지 않는 것'이다. 의견을 내세우지 않고 주장하지 않는 면이 자칫 자존감을 잃게 할 수도 있기에 이들에게는 자기 자신으로 살겠다는 결심이 무엇보다 중요하다.

평화롭고 안정된 헤스티아를 떠올려보자. 언제나 그 자리에서 집안의 중심을 지키고 있는 그녀에게 중요한 것은 불을 지켜내는 것이다. 우리가 조용히 타고 있는 불을 무심히 바라보고 있노라면 가만히 생각에 잠기게 된다. 바로 이때 우리는 그동안 살피지 못했던 내면을 바라보게 된다. 아마도 헤스티아는 신들이 모두 편을 나눠 트로이 전쟁에 참여했을 때, 신들이 자신이 원하는 것을 갖겠다고 인간세계와 신의 세계를 혼잡스럽게 했을 때, 또 자신을 두고 남신들이 싸움을 벌였을 때 화로 앞에서 타는 불을 바라보며 내면을 바라보았으리라. 화로의 따스함이 마음을 깨워 헤스티아는 명확하게 현실을 바라보고 자신의 입장을 정확히 표현할 수 있었으며, 흔들리지 않는 진정한 평화를 만났을 것이다. 나아가 자신을 밝게 비춘 그 빛은 다른 사람과의 연결도 가능하게 해줄 것이다. 진정한 마음의 평화를 갖고 있는 사람은 주변 사람들까지도 안정된 조화로움을 느끼게 해준다.

헤스티아는 존재감이 없다고들 한다. 그러나 그리스 신화에서 그녀는 없어서는 안 될 존재다. 고대에 불은 신성한 의미를 지녔다. 불을 꺼뜨리면 다시 구하기 어려웠기에 사람들에게 필요한 불을 지켜내는 것이 중요했다. 그래서 불을 지키는 헤스티아는 눈에 띄지 않지만 꼭 필요한 존재였던 것이다. 그러한 사실을 알고 있던 헤스티아는 대단한 존재감을 기대하지 않는다. 존재감 대신 그녀에게는 충만한 자존감이 있었고, 자존감은 그녀가 오랜 시간 불을 바라보며 한 내면과의 대화를 통해 얻어낸 것이었다. 9번에게 필요한 것이 바로 이런 시간이다. 그 시간 동안 자신이 진짜 원하는 것이 무엇인지 인식하고, 무조건 겸손하게 자기를 낮추기보다는 작은 것이라도 원하는 바를 표현해 보는 경험이 필요하다.

헤스티아의 자존감을 배우기 위해 9번은 어릴 때부터 연습이 필요하다. 당신의 자녀가 9번 유형이라면 부모의 역할이 매우 중요하다. 자칫 낮은 자존감을 가질 수 있는 9번 아이에게 목표를 가질 수 있게 도와주고, 작은 성취의 경험을 할 수 있는 기회를 제공해주어야 한다. 작은 성취의 경험이 쌓여 "나는 할 수 있다"는 자기효능감(self-efficacy)이 생긴다. 이는 '나는 내세울 것 없는 사람이다' 라는 생각에서 벗어나 '나는 가치 있고 유능한 사람이다' 는 믿음을 가질 수 있게 도와준다. 9번이 성장하기 위해서는 끊임없는 동기부여가 필요하다.

겸손함과 포용력에 현실적인 적극성을 갖춘 것이 성숙한 9번 유형의 모습

헤스티아 유형이 경쟁적이고 능동적인 아테나, 아르테미스 유형의 사람들과 함께 살아가기 위해서는 자신 안의 다른 모습도 찾아내야 한다. 우리는 사람들과 함께 어울려 경쟁에도 참여해야 하며, 집 안에서 화로만 지키며 살 수는 없다.

진 시노다 볼린의 《우리 속에 있는 여신들》에 따르면, 고대 그리스에서 집의 기둥은 문 밖에 있는 헤르메스를, 집 안의 둥근 화로는 헤스티아를 상징했다고 한다. 여행자의 수호신이라고도 불리며 세상을 마음껏 돌아다니는 헤르메스는 사회생활을 지켜주고, 헤스티아는 집안 살림을 수호하는 신으로 표현되었다. 그리고 둘은 동전의 양면처럼 상호보완적인 가치를 가졌다. 그리스 사람들은 헤르메스와 헤스티아를 둘 다 신성시하고 숭배했다.

헤스티아가 집 밖으로 나와 생활하기 위해서는 동전의 다른 면인 헤르메스의 적극성을 배울 필요가 있다. 헤르메스는 영리하고 부지런한 일꾼이다. 9번은 자신이 있는 그 자리를 지켜내는 것도 중요하지만, 좀 더 생산적인 일에 에너지를 써야 한다. 복잡한 현실을 회피하지 않고 직면하기 위해서는 자신의 힘을 키워야 한다. 멍하게 보내는 시간을 자신의 능력을 개발하는 데 사용해야 한다. 자기계발을 위한 목표를 정하고 실행 계획을 세우는 것은 현실을 외면하는 게으름에서 벗어날 수 있는 좋은 방법이다.

목표를 정하고 계획을 세우며 부지런히 노력하는 모습을 우리는 건강한 3번 유형에게서 보았다. 9번이 성장해 자신의 단점을 극복한다면 게으른 평균 수준의 9번에게서는 볼 수 없는 다른 빛을 보게 된다. 바로 건강한 3번의 모습이다. 그리스 신화에서 헤스티아의 역할인 눈에 띄지 않는 신을 극복하는 것이다. 성숙한 9번은 겸손하지만 있는 그대로의 현실적인 자신을 드러내기 시작한다. 자신의 본능적 에너지를 인식하고, 더 이상 꿈속에 살지 않으며 현실에 적극적으로 참여해 자신의 가치를 인식한다. 자기주장을 피력하고 흔들리지 않는 확신을 보여주며 9번의 장점인 모든 이들에 대한 포용을 잊지 않는 매력적인 모습이 성숙한 9번의 모습이다.

따뜻한 카리스마의 전형,
9번 유형 버락 오바마

2013년 11월, 당시 미국 대통령이었던 버락 오바마는 이민개혁법안에 대한 연설을 했다. 오바마 대통령의 연설 도중, 청중이었던 한인 대학생 한 명이 연설을 방해하며 소리를 질렀다. "대통령님, 제발 국외 추방을 멈추도록 행정명령을 발동해 주세요." 연설을 이어가려던 오바마는 몇 번이나 끼어들어 소리를 지르는 한인 청년을 향해 돌아서서 "나에게 그런 권한이 없어요. 그래서 여기 모인 겁니다"라고 말하며 그를 진정시키려 했다. 이때 경호원들이 그 청중을 끌어내려 하자, 오바마는 "괜찮아요. 그 청년이 거기에 있어도 됩니다"라고 말하며 경호원들을 제지했다. 그리고 소리치던 청년에게 발언권을 주었다.

오바마는 "저는 이 젊은이의 패기를 존중합니다. 그는 정말 가족이 걱정되어 그런 거니까요"라고 말하며 무례한 청중의 마음까지 읽어주었다. "그렇지만 우리는 법 절차에 따라 해야 하고, 그것이 우리가 살아온 역사입니다"라며 끝까지 청년을 설득시키기 위해 노력했다. 또한 그는 청년에게 확신을 주었다. "가장 쉬운 해결책은 소리 지르는 것이지만, 우리는 어렵지만 민주적인 길을 갈 것입니다. 저는 모든 힘든 이민노동자들을 저버리지 않겠습니다."

퇴임한 오바마의 지지율은 퇴임 직전에 취임을 앞둔 트럼프 대통령보다 높았다. 심지어 프랑스에서는 그를 차기대통령으로 스카우트하자는 서명운동까지 할 정도였다. 대통령 시절 그의 백악관에서의 일상을 담은 사진들을 보면 따뜻한 카리스마를 느낄 수 있다. 꼬마아이가 오바마 대통령의 머리를 쓰다듬는 모습도 있고, 아기에게 눈을 맞추기 위해 오바마 대통령이 엎드린 모습도 있으며, 백악관의 청소부와 주먹을 치며 인사를 나누기도 하고, 사람들과 어울려 농구를 즐기는 모습 등 사람들과 함께 웃고 울며 교감을 나누는 모습을 볼 수 있다. 나와 다른 상대를 존중하고, 그의 입장에서 경청하며, 커다란 마음으로 상대를 감싸고 안아주는 버락 오바마는 건강하고 매력적인 9번을 대표하는 인물이다.

오바마를 대표하는 단어들은 희망, 화해, 관용, 다양성이다. 이는 9번이 가장 좋아하는 단어이기도 하다. 권위를 내세우기보다는 친근하게 다가가고, 다른 입장에 있는 사람들을 포용하며, 화해의 분위기를 이끄는 것은 건강한 9번의 장점이다.

그러나 오바마는 통합의 메시지를 전달하는데 그치지 않고 사람들에게 희망을 전달하고자 했다. 그는 "우리는 할 수 있다(Yes, We Can)"고 외치며 미국의 변화와 혁신을 이끌었다.

'거짓된 평화를 위한 내면의 게으름'이라는 단점을 극복한 9번은 오마바처럼 묵직하면서도 따뜻한 모습을 세상에 드러내며 자신의 신념을 현실로 바꾸어간다. 이들은 사람들의 중심이 되어 세상을 위한 커다란 조화와 진정한 평화를 이끌어낸다.

성공적인
인간관계를
위한
SOLUTION

9번 유형이 성공적인 인간관계를 만들려면

"사람 좋다"는 말을 많이 듣는 9번은 언뜻 보기엔 인간관계에 문제가 전혀 없어

보이지만, 속을 들여다보면 이들이 문제를 감추고 참고 있는 경우가 많다.

9번은 웬만해서는 자기 의견을 제시하지 않고, 상대가 원하는 쪽으로 맞추어주

는 것에 익숙하다. 그러나 이는 자기 의견이 없는 것이 아니라 전체의 조화를 위

해 감추고 있는 것이기 때문에 만약 뜻대로 되지 않으면 내면에 분노가 쌓이게

된다. 본능형인 9번은 내면에 차곡차곡 쌓인 분노를 인식할 수 있어야 한다. 그

렇지 않으면 언제 터져 나와 자신과 주변 사람들을 놀라게 할지 모른다.

분노를 쌓아두지 않기 위해서는 매 순간 자신의 감정을 인식하고 그때그때 표현

해야 한다. 그렇지 않은데도 모든 것이 괜찮은 것처럼 행동해서는 안 된다. 가능

하면 구체적으로 불편한 부분을 말로 표현해보자. 참는 것만이 능사는 아니며,

9번이 감정이나 의견을 드러낸다고 해서 관계가 깨지거나 분란이 생기는 것은

아니다. 오히려 상대와 더 깊은 관계로 이어질 수 있음을 기억하자.

어려운 문제를 결정하고 처리해야 할 압박이 있을 때 9번은 이를 회피하며 무감

각해지는데, 주변 사람들은 9번의 이런 행동에 스트레스를 받는다. 결정을 미루지 말고 문제를 마주보아야 한다. 9번은 행동력이 강한 본능형이다. 일단 하기로 마음먹으면 끝까지 해내는 내면에 숨어 있는 강렬한 본능 에너지를 꺼내 쓸 수 있다면 9번의 장점인 포용력에 결단력까지 갖춘 매력 있는 사람이 될 것이다.

당신 주변에 9번 유형이 있다면

한결같고 수용적인 9번은 주변 사람들에게 "9번은 참 착한데, 답답한 면이 있다"는 말을 많이 듣는다. 이는 9번의 미루는 습관과 은근한 고집 때문인데, 순해 보인다고 해서 9번에게 이래라저래라 강요하는 것은 이들의 고집을 더 부추기게 된다. 이들은 몰아붙이는 사람을 극도로 싫어해서 명령이나 강요에 대해 마음속으로 반발한다. 그렇게 참고 참다가 어느 순간 쌓아왔던 분노를 한 번에 터뜨리거나 관계를 끊어낸다. 이들도 8번이나 1번과 같이 본능형이라는 사실을 잊지 말자.

9번이 속으로 꾹꾹 참는 것은 그 자신과 주변 사람들을 힘들게 하기 때문에 9번이 속마음을 그 자리에서 표현할 수 있게 해주어야 한다. 또한 9번 때문에 불편한 점이 있을 때 답답하다고 생각하지 말고 부드럽게 구체적으로 이야기해준다면, 이해심 많은 9번은 아마도 상대의 말을 잘 들어주고 따를 것이다.

가능하면 9번이 게으름 때문에 하지 않는 것보다 잘하는 것에 감사를 적극적으로 표현해주면 좋다. 아주 사소한 것이라도 9번이 알아서 할 수 있도록 자신감을 북돋워주는 자세가 필요하다.

9번과 무슨 일을 함께 할 때에는 기다림과 인내가 필요하다. 토끼와 거북이의 경주에서 거북이는 9번 유형이다. 느릿느릿 자기만의 속도로 앞을 향해 달려간다. 옆에서 지켜보기에 조금 답답하겠지만 끈기 있게 나아가 결국은 해내는 것이 9번임을 기억하고 조용히 기다려주자.

9번의 곁에서 기다려주고 부드럽게 대해주면, 있는 그대로 상대를 인정해주고 모든 것을 감싸주는 포근하고 기댈 수 있는 9번의 힘을 느낄 수 있을 것이다.

아래 꽃그림에는 꽃잎이 열 장 달려 있다. 이 열 장의 꽃잎에 각각 자신의 장점 다섯 가지와 평상시 자신의 모습 중 마음에 들지 않았던 부분, 또는 단점을 다섯 개씩 적어보도록 하자.

꽃잎 열 장을 모두 채웠는가? 대부분의 사람들은 열 장의 꽃잎을 채우는 데 상당히 어려워한다. 늘 바쁜 현대인들은 자신을 돌아보는 시간이 많지 않음을 반증하는 것이다.

자신의 장점과 단점을 살펴보는 시간을 갖는 이유는 자신을 찬찬히 들여다보기 위한 것이다. 인간관계를 잘 하기 위해서 가장 먼저 해야 할 일은 자신을 객관적으로 바라보는 눈을 키우는 것이다. 나를 알아야 상대방도 알 수 있다. 모든 일의 시작은 나에서 비롯되고, 인생에서 우리가 맞닥뜨리게 되는 모든 문제의 답도 내 안에 있기 때문이다. 나를 제대로 알지 못하면, 아무리 좋은 사람을 만나도 나로 인해 관계가 어려워 질 수 있는 것이 바로 인간관계다.

우리는 모두 사회적 존재다. 사회, 즉 사람들을 떠나서는 살 수 없다. 그래서 남을 알아야 하고 그보다 먼저 나를 알아야 한다. 에니어그램은 나와 타인을 심도 있게 이해할 수 있는 도구라 할 수 있다. 나를 성장시키고, 타인의 다름을 진정으로 이해하며, 나와 다른 타인들을 따뜻한 눈으로 바라볼 수 있는 마음의 눈을 갖게 해준다.

모든 신화는 그 신화를 만들고 믿어온 종족이나 국가의 모습을 담고 있다고 한다. 자신들의 삶의 모습을 그대로 반영하면서 등장인물들을 신격화해 범접할 수 없는 대상으로 만들어놓는다. 서양문화의 초석이라 할 수 있는 그리스 신화 역시 그 시대의 모습을 반영하고 있다. 그러나 그리스 신화에 등장하는 신들은 신격화되었다기보다 나약한 우리 인간의 모습을 그대로 담고 있다. 마치 신화 속에 우리의 아바타가 있는 것처럼 느껴진다. 다양한 욕망과 그 욕망을 충족하기 위한 대결, 경쟁, 질투, 좌절 등의 모습을 적나라하게 보여준다.

반면, 나약한 인간의 아들로 태어났지만 신의 경지까지 이르는 영웅으로 재탄생하는 이야기도 들려준다. 그 대표적인 이야기가 바로 아르곤 원정대 이야기다. 이아손이 빼앗긴 왕의 자리를 되찾기 위해 필요한 황금양피를 찾으러 떠난 원정대의 모험이야기다. 아르곤 원정대는 성숙을 향해 달려가는 인간의 모습을 그린 것이라고 볼 수 있다. 아르곤 원정대가 황금양피가 있는 콜키스에 닿기 위해서는 흑해를 건너야 하고, 가장 큰 난관인 '쉼플레가데스'를 지나가야 한다. 쉼플레가데스는 거대한 두 개의 바위로 나뉘어져 있다가 배가 지나가면 가운데로 모여 충돌하면서 배를 부수고 난 후 다시 두 개로 나뉘는 바위섬이다. 원정대는 배가 지나가기 전에 비둘기를 바위 사이로 날려 보내 바위가 합쳐져 비둘기가 바위 사이에 끼게 한 뒤 둘로 다시 나뉘기 위해 제자리로 돌아가는 순간 노를 저어 이 무서운 바위섬을 통과했다.

우리 인생이라는 여정에서 쉼플레가데스는 매우 많이 나타난다. 많은 배가 늘 하던 방식대로 쉼플레가데스를 지나가다가 부서지고 만다. 아르곤 원정대처럼 한 박자 뒤로 물러서 충돌하는 바위섬이 벌어지는 순간을 찾아내는 것이 바로 깨달음의 순간이고, 변화의 시작이라고 할 수 있다. 우리가 인생에서 만나는 어려운 쉼플레가데스 중 하나가 바로 사람 사이의 관계 설정이다. 만약 우리가 아르곤 원정대라면 인간관계의 쉼플레가데스를 지나갈 수 있게 하는 비둘기의 역할이 바로 에니어그램이라고 볼 수 있다. 그리스 신화 속에 등장하는 우리의 또 다른 아바타들을 바라보며 그들을 통해 투영된 사람들의 무의식적 동기, 내면의 욕구를 이해하게 된다면, 우리는 그리스 신화 속 비둘기를 만나 쉼플레가데스를 무사히 통과하게 될 것이다.

에니어그램을 통해 사람들의 내적동기와 성격을 이해하게 되면 평소 도저히 이해할 수 없고, 내게는 너무 힘든 사람의 행동과 생각이 이해되기 시작할 것이다. 세상에 던져진 각 유형의 사람들은 저마다 그들만의 공포, 그들만의 불안, 그들만의 두려움, 그들만의 수치심, 그들만의 죄의식 등으로 힘들어하면서 살아가고 있다. 우리가 그것을 이해하게 되면 남들을 이해하지 못하고 싫어하던 마음에서 받아들이고 수용하는 마음으로 바뀔 수 있다.

아인슈타인은 인간의 가치는 자기로부터 얼마나 많은 자유로움을 획득하느냐로 결정된다고 했다. 앞에서 꽃잎에 채웠던 자신의 버리고 싶은 점, 단점을 다시 한 번 살펴보자. 누구나 살아오면서 자신에게 부족한 점에 매달려 괴로워했던 경험이 있을 것이다. '나는 왜 이럴까? 나는 왜 이거 밖에 안 될까?' 라고 자책하면서 말이다.

꽃잎 열 장에 모두 장점만을 채울 수는 없다. 그런 사람은 존재하지 않는다. 내가 행동하는 모습, 감정을 표현하는 방식, 버리고 싶은 감정들 이 모든 것이 바로 나 자신임을 스스로 깨닫는 일이 중요하다. 내가 몇 번 유형에 속하는지가 중요한 것이 아니라, 나의 내적 동기를 알고 그것에 매달려 나 자신을 옭아매고 있지는 않은지 깨닫는 것이 그 무엇보다 중요하다. 그것으로부터 자유로워져야 한다. 그래야만 좋지 못하다고 꽃에서 떼어내고 싶어 했던 나 자신의 못난 부분도 하나의 꽃송이로 받아들이게 된다. 그렇게 자신을 받아들이게 되면 나아가 타인에게도 좀 더 관대해질 수 있고 수용할 수 있게 되어 성공적인 인간관계를 만들어갈 수 있다.

자신이 어떤 유형인지 알아보는 유형 진단지

각 항목에 자신이 해당되는 다음의 점수를 써넣어주세요.
1(전혀 그렇지 않다), 2(약간 그렇지 않다), 3(보통이다), 4(약간 그렇다), 5(매우 그렇다)

번호	항목	점수
1	나는 어릴 때, 순종적인 아이였다.	
2	내가 할 수 없는 일이라도 타인이 부탁하면 거절하지 못한다.	
3	나도 약한 면이 있지만, 사람들에게 그런 것을 보여주고 싶지 않다.	
4	권위나 신념, 규범 등에 얽매이는 사람들을 보면 답답하다.	
5	나는 임기응변에 능하다.	
6	내 관심사 이외의 것은 귀찮을 때가 많다.	
7	나만 제외하고 세상 모든 사람이 행복한 것 같다는 생각이 자주 든다.	
8	좋지 않은 일은 늘 나를 따라다니는 것 같다.	
9	나를 믿고 따르는 사람을 잘 챙기는 편이다.	

번호	항목	점수
10	주변 사람들에게 듣기 좋은 말, 칭찬을 잘 못한다.	
11	고난과 역경은 나를 성장시키는 기회라고 생각한다.	
12	회식에 참석은 하지만 큰 의미가 있는 자리는 아니라고 생각한다.	
13	나는 남들을 잘 도와주는 착한 사람이다.	
14	미래를 생각하면 막연한 불안감에 휩싸인다.	
15	주변 사람들이 하는 일은 대부분 내 기준에 미치지 못한다.	
16	주변 사람들에게서 매너 있고 세련된 사람이라는 이야기를 듣는다.	
17	새로운 일을 시작할 때 짜릿한 기분을 느낀다.	
18	사람들이 제시하는 해법이 너무 근시안적이라고 느껴질 때가 많다.	
19	나는 평화를 사랑한다.	
20	일 처리에 완벽을 기하는 편이다. 대충대충 하는 것은 견디기 힘들다.	
21	인생의 중요한 가치는 사람과의 관계라고 생각한다.	
22	나는 늘 열심히 사는데 내가 노력하는 것만큼 인정받지 못하고 있다고 생각한다.	
23	나는 다른 사람들의 아픔에 공감을 잘한다.	
24	주변 사람에게 은근히 고집이 세다는 말을 듣는다.	
25	주변 사람들이 나는 한결같은 사람이라고 평가한다.	
26	타인이 원하는 칭찬을 잘 한다.	
27	무엇인가를 결정하는 일이 쉽지 않다. 나를 대신해서 누군가가 결정을 내려주는 것이 마음이 편하다.	

번호	항목	점수
28	사람들의 관심이 나에게 집중되면 부담스럽다.	
29	타인의 감정에 관심이 많고, 잘 읽는 편이다.	
30	인간관계를 살펴보면, 나를 좋아하는 사람과 싫어하는 사람이 명확하게 구분된다.	
31	나는 매사에 긍정적이고 자신감이 넘친다.	
32	대의를 위해서는 작은 희생도 필요하다고 생각한다.	
33	한 가지를 오래 하는 것은 너무 힘들고 재미가 없다.	
34	상황에 맞지 않는 행동을 하는 사람을 보면 분노가 일어난다.	
35	감정의 기복이 심한 편이다.	
36	경력 관리는 성공적인 사회생활에 필수적이라고 생각한다.	
37	한번 시작한 일은 끝을 본다.	
38	관심 있는 분야가 생기면 몰입을 잘하는 편이다.	
39	감정 표현을 잘 하는 편이다.	
40	사람들로부터 기발한 아이디어가 풍부하다는 이야기를 듣는다.	
41	나는 다른 사람들보다 물건을 고르는 안목이 뛰어나다고 생각한다.	
42	시간을 효율적으로 써야 한다고 생각한다.	
43	주변 사람들에게서 불만이 많아 보인다는 말을 많이 듣는다.	
44	불운이 닥쳤을 때에도 긍정적인 면을 찾으려 한다.	
45	무슨 일이든 시작하기 전에 철저한 계획을 세우는 편이다.	

번호	항목	점수
46	나만의 삶의 철학이 있고, 그것을 타인이 이해하지 못해도 상관없다.	
47	사람 좋다는 소리를 많이 듣는다.	
48	나는 혼자 공상하는 시간이 즐겁다.	
49	감정에 얽힌 사람들은 비이성적인 결정을 하는 경우가 많다고 생각한다.	
50	어떤 상황에서도 최적의 나를 연출할 수 있다.	
51	가끔 주변 사람들의 필요에 맞춰주는 것이 힘에 부칠 때가 있다.	
52	나는 매사에 긍정적인 편이다.	
53	문제를 크게 만들기보다는 좋은 게 좋은 거라고 생각한다.	
54	불편한 상황에 처한 사람을 보면 그냥 지나치지 못한다.	
55	앞에 나서서 의견을 말하기보다는 다수의 의견을 따르는 것이 편하다.	
56	어떤 상황이나 사람을 보면 지적할 점이 먼저 보인다.	
57	나는 대중적인 유행보다는 내 스타일을 고수한다.	
58	불의를 보면 분노가 치민다.	
59	공개적인 칭찬을 받으면 더 동기 부여가 된다.	
60	부드럽게 표현하기보다는 직설적으로 말하는 편이다.	
61	주변 사람이 나와 너무 가까워지면 부담스럽다.	
62	사람들을 내 편으로 만드는 능력이 있다고 생각한다.	
63	행동이 느린 편이다.	

번호	항목	점수
64	누군가를 믿고 싶지만, 완전히 믿지는 않는다.	
65	재미없는 말을 주절주절 늘어놓는 사람을 보면 견디기 힘들다.	
66	효율적인 목표 달성을 위해 사소한 절차는 생략할 수 있다.	
67	누군가 도움을 요청하면 거절하기가 어렵다.	
68	우울한 감정이 들면 혼자 집 안에 틀어박혀 있는 편이다.	
69	내가 하기로 마음먹은 일은 끝까지 하는 편이다.	
70	나는 영원히 피터팬으로 살고 싶다.	
71	나의 삶의 반전을 가져다줄 그 누군가를 기다리고 있다.	
72	주변 사람들에게 무엇인가를 선물하는 것을 좋아한다.	
73	화를 내는 사람을 보면 피하고 싶어진다.	
74	진지한 사람을 보면 피하고 싶다.	
75	새로운 상황보다 나에게 익숙한 것이 더 좋다.	
76	세상에 두려운 일이 별로 없다.	
77	재충전을 위해서 혼자 있는 시간이 필요하다.	
78	삶이 대부분 즐겁다고 느낀다.	
79	남을 가르치는 일을 좋아하고 타인이 변화되는 모습을 보면 고무된다.	
80	사람들과 감정적으로 얽히는 것이 불편하다.	
81	새로운 환경을 만나도 두렵지 않다.	
82	내가 어떤 사람인지 종잡을 수가 없다고 느낄 때가 많다.	

번호	항목	점수
83	누군가 나를 통제하려는 느낌이 들면 화가 난다.	
84	내가 베푼 호의에 대해 사람들이 고마움의 표현을 하지 않으면 매우 섭섭하다.	
85	내가 속한 집단이 큰 무리 없이 잘 돌아가기를 바란다.	
86	하고 싶지 않은 일은 끝까지 미루고 싶다.	
87	내가 화를 내는 것을 보면 사람들이 나를 무서워한다.	
88	무언가에 뛰어들어 행동하기 전에 상황 파악을 위해 관찰하는 편이다.	
89	슬프고 고통스러운 장면을 보는 것이 힘들다.	
90	빙빙 돌려 말하는 것을 싫어한다.	

〈진단 결과〉

해당 번호의 점수를 더한 합계가 가장 높은 것이 자신의 유형입니다.

번호	합계	유형
10, 15, 25, 30, 34, 43, 56, 60, 69		1번
13, 21, 23, 39, 51, 54, 62, 67, 72, 84		2번
5, 16, 26, 31, 36, 42, 50, 59, 66, 80		3번
7, 20, 29, 35, 41, 46, 48, 57, 68, 71		4번
6, 12, 18, 28, 38, 49, 61, 77, 81, 88		5번
1, 8, 14, 22, 27, 45, 64, 75, 82, 85		6번
4, 17, 33, 40, 52, 65, 70, 74, 78, 89		7번
3, 9, 11, 32, 37, 58, 76, 83, 87, 90		8번
2, 19, 24, 44, 47, 53, 55, 63, 73, 86		9번

| 참고문헌 |

- 《이윤기의 그리스 로마 신화》, 이윤기 지음, 웅진지식하우스, 2000
- 《나와 너의 만남 에니어그램》, 이종의 지음, 나무의 꿈, 2014
- 《모든 것은 자세에 달려 있다》, 제프 켈러 지음, 김상미 옮김, 아름다운사회, 2015
- 《오디세우스처럼 돌파하라》, 마이클 J. 골드버그 지음, 서예진 옮김, 거름, 2008
- 《멈추면, 비로소 보이는 것들》, 혜민 지음, 쌤앤파커스, 2012
- 《그리스 신화, 내 마음의 12별》, 이주향 지음, 살림출판사, 2016
- 《우리 속에 있는 여신들》, 진 시노다 볼린 지음, 조주현 · 조명덕 옮김, 또하나의문화, 2003

성격을 알면 인간관계 실패는 없다
그리스 신화에서 사람을 읽다

초판 1쇄 발행 2018년 3월 5일
초판 5쇄 발행 2020년 5월 11일

지은이 지순호 · 홍지희
펴낸곳 보아스
펴낸이 이지연
등 록 2014년 11월 24일(No. 제2014-000064호)
주 소 서울시 양천구 목동중앙북로8라길 26, 301호(목동) (우편번호 07950)
전 화 02)2647-3262
팩 스 02)6398-3262
이메일 boasbook@naver.com
블로그 http://blog.naver.com/shumaker21

ISBN 979-11-963073-0-1 (03190)

이 도서의 국립중앙도서관 출판시도서목록(CIP)은 서지정보유통지원시스템홈페이지
(http://seoji.nl.go.kr)와 국가자료공동목록시스템(http://www.nl.go.kr/kolisnet)에서
이용하실 수 있습니다.(CIP제어번호: CIP2018004054)